同一人物《どういつじんぶつ》

江戸川《えどがわ》
コナン

名推理《めいすいり》でさまざまな事件《じけん》を解決《かいけつ》する小学生《しょうがくせい》探偵《たんてい》。本当《ほんとう》の姿《すがた》は高校生《こうこうせい》の工藤新一《くどうしんいち》。

ライ

ッド

神出きぼつの大怪盗《だいかいとう》。コナンのライバル。

同級生《どうきゅうせい》

少年《しょうねん》探偵団《たんていだん》

小嶋元太《こじまげんた》

吉田歩美《よしだあゆみ》

円谷光彦《つぶらやみつひこ》

コナンと少年探偵団《しょうねんたんていだん》を結成《けっせい》した仲間《なかま》たち。

協力者《きょうりょくしゃ》

同級生《どうきゅうせい》

阿笠博士《あがさひろし》

発明家《はつめいか》。コナンの探偵《たんてい》グッズを作《つく》っている。通称《つうしょう》・博士《はかせ》で、本名《ほんみょう》は博士《ひろし》。

灰原哀《はいばらあい》

黒《くろ》ずくめの組織《そしき》にいた科学者《かがくしゃ》で、なぞの毒薬《どくやく》を発明《はつめい》。今《いま》は阿笠家《あがさけ》に住《す》む。

先生《せんせい》と生徒《せいと》

先生《せんせい》と生徒《せいと》

帝丹《ていたん》小学校《しょうがっこう》

小林澄子《こばやしすみこ》

コナンたちの1年《ねん》B組《ぐみ》の担任《たんにん》。

ゆくえを追《お》う

黒《くろ》ずくめの組織《そしき》

ゆくえを追《お》う

ジン

ウォッカ

ベルモット

コナンが追《お》う、なぞの犯罪組《はんざいそ》織《しき》のメンバー。

そう査《さ》

安室透《あむろとおる》

黒《くろ》ずくめの組織《そしき》にせん入《にゅう》している公安警察官《こうあんけいさつかん》。

scene 1 草《くさ》むらで発見《はっけん》されたのは！？

□ child ［チャイルド］

名 子《こ》ども

✲ 複数《ふくすう》（2人《ふたり》以上《いじょう》）の子《こ》どもはchildren《チルドゥラン》

□ night ［ナイト］

名 夜《よる》、晩《ばん》

at《アット》 night《ナイト》
夜《よる》に

大丈夫《だいじょうぶ》か？ボウヤ!!
ボウヤ…？

□ grass ［グラス］

名 草《くさ》

on《アン》 the《ザ》 grass《グラス》
草《くさ》の上《うえ》に

この子《こ》、だれなの？

□ boy

[ボーイ]

名 男《おとこ》の子《こ》、少年《しょうねん》

＊「女《おんな》の子《こ》」はgirl《ガール》

□ hair

[ヘァ]

名 かみの毛《け》

□ long [ローング]

形 (長《なが》さ・きょり・時間《じかん》などが)長《なが》い

long《ローング》 hair《ヘア》

長《なが》いかみ

□ ball ［ボール］

名 ボール、球《たま》

□ catch ［キャッチ］

動 (～を) つかまえる、(～を) つかむ

The《ザ》 man《マン》 is《イズ》 catching《キャッチング》 a《ア》 ball《ボール》.
その男《おとこ》の人《ひと》はボールをつかんでいます。

✲ catching《キャッチング》 は catch《キャッチ》 の ing《アイエンヂー》 形《けい》

□ man ［マン］

名 男性《だんせい》、男《おとこ》の人《ひと》

✲ 複数《ふくすう》 (2人《ふたり》以上《いじょう》) の男《おとこ》の人《ひと》は men《メン》

蘭《らん》のキックがさくれつ!!

□ **strong** [ストゥ**ロ**ーング]

形 (力《ちから》・体《からだ》などが) 強《つよ》い

a《ア》 strong《ストゥローング》 girl《ガール》
強《つよ》い女《おんな》の子《こ》

□ **girl** [**ガ**ール]

名 女《おんな》の子《こ》、少女《しょうじょ》

✲ 「男《おとこ》の子《こ》」は boy《ボーイ》

□ **tooth** [**トゥ**ース]

名 歯《は》

✲ 複数《ふくすう》(2本《ほん》以上《いじょう》)の歯《は》は teeth《ティース》

ダメな大人《おとな》だな…

□ laugh [ラフ]

動 (声《こえ》を出《だ》して)笑《わら》う

Kogoro《コゴロウ》 is《イズ》 laughing《ラフィング》 a《ア》 lot《ラット》.
小五郎《こごろう》は大笑《おおわら》いしています。

✲ laughing《ラフィング》 は laugh《ラフ》 の ing《アィエンヂー》 形《けい》

□ TV [ティーヴィー]

名 テレビ

✲ television《テレヴィジョン》 の略《りゃく》

□ watch [ワッチ]

動 (〜を) (じっと) 見《み》る

Kogoro《コゴロウ》 is《イズ》 watching《ワッチング》 TV《ティーヴィー》.
小五郎《こごろう》はテレビを見《み》ています。

✲ watching《ワッチング》 は watch《ワッチ》 の ing《アィエンヂー》 形《けい》

ワッハッハッハッ!!
奴《やつ》らの情報《じょうほう》どころか、一件《いっけん》の依頼《いらい》も来《こ》ねーぜ…
おっ、ヨーコちゃんだ!!

できるかな?

小五郎《こごろう》が見《み》ているものは?

㋐ book《ブック》 ㋑ newspaper《ヌーズペイパァ》 ㋒ TV《ティーヴィー》

〈答《こた》えは2ページ後《あと》に〉

scene **6** 阿《あ》笠《がさ》博士《はかせ》の発《はつ》明《めい》品《ひん》！

□ bow tie ［ボゥ タイ］

名 ちょうネクタイ

✲ ふつうの長《なが》いネクタイはtie《タイ》

蝶《ちょう》ネクタイ型《がた》変《へん》声《せい》機《き》じゃ!!
へ、変《へん》声《せい》機《き》？

裏《うら》に付《つ》いてるダイヤルをまわせば、色々《いろいろ》な声《こえ》が出《だ》せるのじゃ!!
へー…

老人《ろうじん》の声《こえ》も、子供《こども》の声《こえ》も、男《おとこ》も女《おんな》も、それ一《ひと》つでバッチリじゃ!!
あー…
あー…
あー…
きっと役《やく》にたつぞ!!

□ voice ［ヴォイス］

名 声《こえ》

a《ア》 loud《ラウド》 voice《ヴォイス》
大《おお》きな声《こえ》

□ band ［バンド］

名 帯《おび》、ひも

7 このイヤリング、証《しょう》こになる？

□ sofa ［ソウファ］

名 ソファー

だ、
誰《だれ》だ!?
ソファーの下《した》…

□ under ［アンダァ］

前 （～の）下《した》に［へ、の］

under《アンダァ》 the《ザ》 sofa《ソウファ》
ソファーの下《した》に

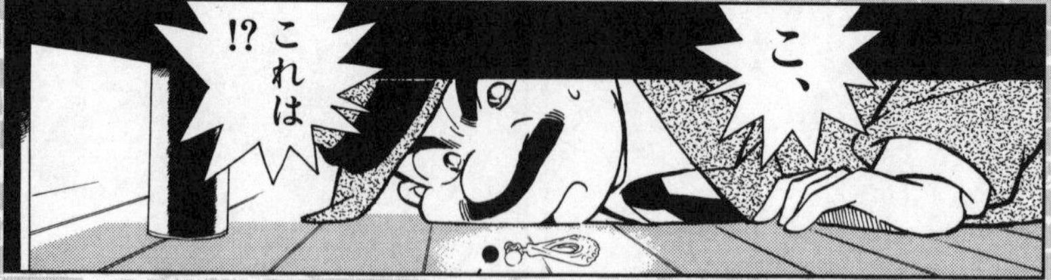

こ、
これは!?

□ find ［ファインド］

動 （人《ひと》・物《もの》を）見《み》つける、発見《はっけん》する

I《アィ》 can't《キャント》 find《ファインド》 my《マィ》 key《キー》.
かぎが見《み》つからない。

12ページの答え　✕ ㋐book《ブック》 本《ほん》　✕ ㋑newspaper《ヌーズペイパァ》 新聞《しんぶん》　○ ㋒TV《ティーヴィー》 テレビ

scene 8 サッカーはお手《て》のもの！

□ school [スクール]

名 学校《がっこう》

ポーンッ
ワァ
ワァ

よっ！
パシッ

□ playground

[プレイグラウンド]

名 運動場《うんどうじょう》

□ shorts [ショーツ]

名 ショートパンツ、半《はん》ズボン

Conan《コナン》 is《イズ》 wearing《ウェ(ァ)リング》 shorts《ショーツ》.

コナンは半《はん》ズボンをはいています。

✲ wearing《ウェ(ァ)リング》 は wear《ウェア》 の ing《アィエンヂー》 形《けい》

9 今日《きょう》一日《いちにち》をふり返《かえ》るコナン

□ school gate

［スクール ゲイト］

名 校門《こうもん》

――ったく
よー…
威力《いりょく》が
あるにも、
ほどが
あるぜ…
気《き》をつけて
使《つか》わねーとな…

□ kid ［キッド］

名 子《こ》ども

a《ア》 little《リトゥル》 kid《キッド》
小《ちい》さな子《こ》ども

□ walk ［ウォーク］

動 歩《ある》く

The《ザ》 girls《ガールズ》 are《アー》 walking《ウォーキング》.
女《おんな》の子《こ》たちが歩《ある》いています。

＊ walking《ウォーキング》は walk《ウォーク》の ing《アィエンヂー》形《けい》

そう査《さ》のじゃまにはならないように！

□ airplane

[エァプレイン]

名 飛行機《ひこうき》

✲ 短《みじか》く plane《プレイン》 ともいう

—成田空港《なりたくうこう》—
いいか！邪魔《じゃま》だけはするんじゃねーぞ!!

はーい！
——ったく…毎回毎回《まいかいまいかい》ついて来《き》やがって…

□ bus [バス]

名 バス

Let's《レッツ》 get《ゲット》 on《アン》 the《ザ》 bus《バス》!

バスに乗《の》ろう。

□ airport

[エァポート]

名 空港《くうこう》、飛行場《ひこうじょう》

できるかな？

小五郎《こごろう》たちはどこにいる？

㋐ airport《エァポート》　㋑ hospital《ハスピトゥル》　㋒ school《スクール》

〈答《こた》えは2ページ後《あと》に〉

scene **11** どうやら博士《はかせ》の自信作《じしんさく》！？

□ eye ［アィ］

名 目《め》

ワシが発明《はつめい》した犯人追跡《はんにんついせき》メガネじゃ!!
どーやって使《つか》うんだよ、これ？
横《よこ》のボタンをおしてみぃ…
お？
キュイイ
ピッ

□ push ［プッシュ］

動 (〜を)おす

Conan《コナン》 is《イズ》 pushing《プッシング》 the《ザ》 button《バトゥン》.
コナンがボタンをおしています。

＊ pushing《プッシング》 は push《プッシュ》 の ing《アイエンテー》 形《けい》

□ glasses

［グラスィズ］

名 眼鏡《めがね》

Put《プット》 on《アン》 your《ユア》 glasses《グラスィズ》.
眼鏡《めがね》をかけて。

scene **12** 大笑《おおわら》いしている小五郎《こごろう》だけど!?

□ face [フェイス]

名 **顔《かお》**

□ angry

[アングリィ]

形 **おこった、おこって**

an《アン》 angry《アングリィ》 girl《ガール》
おこった女《おんな》の子《こ》

……
おかしいのは、あんたの顔《かお》だー!!

□ point [ポイント]

動 **指《ゆび》を差《さ》す**

Kogoro《コゴロウ》 is《イズ》 pointing《ポインティング》 at《アット》 the《ザ》 man《マン》.
小五郎《こごろう》は男《おとこ》の人《ひと》を指差《ゆびさ》しています。

✲ pointing《ポインティング》 は point《ポイント》 の ing《アィエンヂー》 形《けい》

17ページの答《こた》え ○ ㋐airport《エアポート》 空港《くうこう》 × ㋑hospital《ハスピトゥル》 病院《びょういん》 × ㋒school《スクール》 学校《がっこう》

scene **13** スーツケース、多《おお》すぎない!?

あ…
うわっ
あ…
あ…
ガラ
ガラ
ガラ

□ **earring**

[**イ**アリング]

名 **イヤリング**

The《ザ》 woman《ウマン》 is《イズ》 wearing《ウェ(ァ)リング》 earrings《イアリングズ》.

女《おんな》の人《ひと》はイヤリングをしています。

✲ wearing《ウェ(ァ)リング》 は wear《ウェア》 の ing《アイエンヂー》 形《けい》

□ **handle**

[**ハ**ンドゥル]

名 **取《と》っ手《て》**

□ **suitcase**

[**ス**ートゥケイス]

名 **スーツケース**

scene **14** 手《て》を洗《あら》いたかった、歩美《あゆみ》ちゃん

□ **bathroom** [バスルーム]

名 **浴室《よくしつ》、トイレ、洗面所《せんめんじょ》**

あ！ここ、洗面所《せんめんじょ》よ!!
ラッキー♡

□ **wash** [ワッシュ]

動 **(〜を) 洗《あら》う**

Ayumi《アユミ》 is《イズ》 washing《ワッシング》 her《ハー》 hands《ハンヅ》.
歩美《あゆみ》は手《て》を洗《あら》っています。

✲ washing《ワッシング》 は wash《ワッシュ》 の ing《アィエンヂー》 形《けい》

□ **water** [ウォータァ]

名 **水《みず》**

I《アィ》 want《ワント》 to《トゥー》 drink《ドゥリンク》 water《ウォータァ》.
私《わたし》は水《みず》を飲《の》みたいです。

できるかな？

じゃ口《ぐち》から出《で》ているのは？

㋐ water《ウォータァ》 ㋑ paper《ペイパァ》 ㋒ candy《キャンディ》

〈 答《こた》えは2ページ後《あと》に 〉

scene **15** ちょっと食《た》べすぎじゃない!?

□ curtain ［カートゥン］

名 **カーテン**

今頃《いまごろ》、母《かあ》ちゃん達《たち》、心配《しんぱい》してるかなあ…
もう夜《よる》になっちゃったもんね…
ポリ
ポリ
ポリ

□ eat ［イート］

動 **(～を) 食《た》べる**

Genta《ゲンタ》 is《イズ》 eating《イーティング》 cookies《クッキィズ》.
元《げん》太《た》はクッキーを食《た》べています。

✲ eating《イーティング》 は eat《イート》 の ing《アィエンヂー》 形《けい》

□ cookie

［クッキィ］

名 **クッキー**

scene

16 何《なに》かを見《み》つけた？

□ **room** ［ルーム］

名 部屋《へや》

□ **dark** ［ダーク］

形 暗《くら》い

a《ア》 dark《ダーク》 room《ルーム》
暗《くら》い部屋《へや》

ハア
ハア
ハア

□ **light**

［ライト］

名 光《ひかり》

おかしいな…どこにも人《ひと》の気配《けはい》がしない…
やっぱり誰《だれ》もいないのか!?
ハア
ハア
ハア
ん？
写真《しゃしん》…

21ページの答《こた》え　○ ㋐ water《ウォータァ》 水《みず》　× ㋑ paper《ペイパァ》 紙《かみ》　× ㋒ candy《キャンディ》 キャンディー

scene 17 新《しん》こんほやほや!

□ husband [ハズバンド]

名 夫《おっと》

実《じつ》はわたし達《たち》、今日《きょう》、結婚《けっこん》したんです!!
おいおい…。
け、結婚《けっこん》…?
旗本《はたもと》武《たけし》
夏江《なつえ》の新夫《しんぷ》
旗本《はたもと》物産《ぶっさん》勤務《きんむ》
(婿養子《むこようし》・24歳《さい》)
旗本《はたもと》夏江《なつえ》
旗本家《はたもとけ》長男《ちょうなん》(将一《しょういち》)の娘《むすめ》
(次女《じじょ》・22歳《さい》)

□ happy [ハピィ]

形 幸《しあわ》せな、幸福《こうふく》な

✲「不幸《ふこう》な」はunhappy《アンハピィ》

a《ア》 happy《ハピィ》 woman《ウマン》
幸《しあわ》せな女《おんな》の人《ひと》

□ wife [ワイフ]

名 妻《つま》、夫人《ふじん》

husband《ハズバンド》 and《アンド》 wife《ワイフ》
夫婦《ふうふ》

scene 18 ドアを開《あ》けると、そこには!?

ガチャ
だんな様《さま》…
もう みなさん お待《ま》ちかね…
!?

□ **key** [キー]

名 かぎ

□ **old** [**オ**ウルド]

形 年取《としと》った

✲「若《わか》い」はyoung《ヤング》

an《アン》 old《オウルド》 man《マン》
年取《としと》った男《おとこ》の人《ひと》

□ **open** [**オ**ウプン]

動 (〜を) 開《あ》ける、開《ひら》く

Open《オウプン》 the《ザ》 door《ドァ》!
ドアを開《あ》けなさい。

scene 19 とびらをあわてて閉《し》めるコナン

□ **bang** [バング]

名 バタン(という音《おと》)

バン
ん?
何《なに》か見《み》つけたのか?
な、なんでもないよ…
ハハハ…

□ **closet**

[クラズィット]

名 (作《つく》りつけの)
洋服《ようふく》だんす、クローゼット

□ **shut** [シャット]

動 (〜を)閉《し》める

Conan《コナン》 is《イズ》 shutting《シャッティング》 the《ザ》 door《ドア》.
コナンは戸《と》を閉《し》めています。

✲ shutting《シャッティング》 は shut《シャット》 の ing《アイエンチー》 形《けい》

まずはますいじゅうでねむらせて…

□ shoot ［シュート］

動 (～を) 発射《はっしゃ》する

Conan《コナン》 is《イズ》 shooting《シューティング》 a《ア》 needle《ニードゥル》.
コナンは針《はり》を発射《はっしゃ》しています。

✲ shooting《シューティング》 は shoot《シュート》 の ing《アイエンヂー》 形《けい》

パシュッ

プス

ふにゃ…
これは時《と》計《けい》型《がた》麻《ま》酔《すい》銃《じゅう》といってな…

□ eyelid

［アィリッド］

名 まぶた

□ needle

［ニードゥル］

名 針《はり》

scene **21** 真相《しんそう》はこうだ！

つまり、犯人《はんにん》は廊下《ろうか》をふいた後《あと》、わざと花《はな》を落《お》としたんですよ！
武《たけし》さんの犯行《はんこう》にみせかけるためにね!!

□ drop

［ドゥ**ラ**ップ］

動 **落《お》ちる、落《お》とす**

This《ズィス》 person《パースン》 is《イズ》 dropping《ドゥラッピング》 the《ザ》 flower《フラウァ》.
この人《ひと》は花《はな》を落《お》としています。

✲ dropping《ドゥラッピング》は drop《ドゥラップ》の ing《アィエンテー》形《けい》

□ flower ［フ**ラ**ウァ］

名 **花《はな》**

a《ア》 beautiful《ビュータフル》 flower《フラウァ》
美《うつく》しい花《はな》

□ knife ［**ナ**イフ］

名 **ナイフ**

✲ 複数形《ふくすうけい》（2本《ほん》以上《いじょう》）は knives《ナイヴズ》

できるかな？

犯人《はんにん》が落《お》としたものは？

㋐ knife《ナイフ》 ㋑ flower《フラウァ》 ㋒ bag《バッグ》

〈答《こた》えは2ページ後《あと》に〉

scene **22** おもちゃがたくさん！

□ teddy bear ［テディ ベァ］

名 テディーベア、熊《くま》のぬいぐるみ

□ toy ［トィ］

名 おもちゃ

Conan《コナン》 is《イズ》 playing《プレイイング》 with《ウィズ》 toys《トィズ》.
コナンはおもちゃで遊《あそ》んでいます。

✲ playing《プレイイング》 は play《プレイ》 の ing《アィエンヂー》 形《けい》

□ pilot ［パイラット］

名 （飛行機《ひこうき》の）パイロット、操縦士《そうじゅうし》

scene **23** 幸《しあわ》せそうなふたり！

□ **photo** [**フォ**ウトウ]

名 写真《しゃしん》

北海道《ほっかいどう》に来《く》る機会《きかい》があれば、ぜひ、お立《た》ち寄《よ》りください…
わーっ♡

□ **T-shirt**

[**ティ**ーシャート]

名 T《ティー》シャツ

□ **cow** [**カ**ゥ]

名 め牛《うし》

✲「お牛《うし》」は ox《アックス》

a《ア》 milk《ミルク》 cow《カゥ》
乳牛《にゅうぎゅう》

28ページの答《こた》え ✕ ㋐knife《ナイフ》 ナイフ ○ ㋑flower《フラウァ》 花《はな》 ✕ ㋒bag《バッグ》 かばん

scene **24** 手紙《てがみ》が意味《いみ》するものは何《なに》!?

□ name ［ネイム］

名 (人《ひと》・物《もの》の) 名前《なまえ》

my《マィ》 name《ネイム》
私《わたし》の名前《なまえ》

□ address

［アドゥレス］

名 住所《じゅうしょ》

でも…こんな住所《じゅうしょ》、実際《じっさい》にはありませんし、名前《なまえ》にも心当《こころあ》たりは…
ウ――ム…住所《じゅうしょ》がデタラメならおそらくこの名前《なまえ》も偽名《ぎめい》でしょう…
田中太郎
となると、残《のこ》る手掛《てが》かりは…
今日《きょう》届《とど》いた封筒《ふうとう》にお金《かね》といっしょに入《はい》っていた…
この手紙《てがみ》だけだが…
二千五百万円払い終わりました引き替えにいただきに参ります
……

□ letter ［レタァ］

名 手紙《てがみ》

Kogoro《コゴロウ》 is《イズ》 reading《リーディング》 a《ア》 letter《レタァ》.
小五郎《こごろう》は手紙《てがみ》を読《よ》んでいます。

✲ reading《リーディング》 は read《リード》 の ing《アィエンヂー》 形《けい》

scene **25** まんがに夢中《むちゅう》のコナン！

□ apron ［エイプラン］

名 **エプロン**

おなかすいたでしょ——？
今《いま》、何《なに》か作《つく》ってあげるからね！
うん！
あ、そうそう…
そういえばね——…

□ read ［リード］

動 **（～を）読《よ》む**

Conan《コナン》 is《イズ》 reading《リーディング》
a《ア》 comic《カミック》 book《ブック》.
コナンはまんが本《ぼん》を読《よ》んでいます。

✲ reading《リーディング》 は read《リード》 の ing《アィエンヂー》 形《けい》

今度《こんど》、体育《たいいく》の岸田《きし だ》先生《せんせい》結婚《けっこん》するらしいわよ…
へ——…

□ comic book ［カミック ブック］

名 **まんが本《ぼん》**

できるかな？

コナンは何《なに》を読《よ》んでいる？

㋐ letter《レタァ》　㋑ comic《カミック》 book《ブック》　㋒ textbook《テクストブック》

〈答《こた》えは２ページ後《あと》に〉

scene 26 なかなかすてきな美《び》術《じゅつ》館《かん》！

□ wonderful

［ワンダァフル］

形 すばらしい

a《ア》 wonderful《ワンダァフル》 picture《ピクチャァ》

すばらしい絵《え》

□ picture

［ピクチャァ］

名 絵《え》

この絵《え》は「天使《てんし》の休息《きゅうそく》」といってな、ペカソの代表作《だいひょうさく》の一《ひと》つじゃ…
さほど有名《ゆうめい》ではないが、私《わたし》は彼《かれ》の作品《さくひん》のあたたかいタッチとつきぬけるような透明感《とうめいかん》が好《す》きでの…

彼《かれ》の作品《さくひん》だけじゃない…
私《わたし》はここにあるすべての作品《さくひん》を愛《あい》してますよ…

□ art museum

［アート ミューズィーアム］

名 美《び》術《じゅつ》館《かん》

scene **27** 事件《じけん》現場《げんば》のビデオに映《うつ》っていたのは!?

□ pen ［ペン］

名 ペン

□ surprised

［サァプ**ラ**イズド］

形 おどろいた、びっくりした

a《ア》 surprised《サァプライズド》 face《フェイス》
びっくりした顔《かお》

何《なに》か書《か》いてるぞ!!!
な!?

□ write ［ライト］

動 （文字《もじ》・文章《ぶんしょう》などを）書《か》く

He《ヒー》 is《イズ》 writing《ライティング》 something《サムスィング》 with《ウィズ》 a《ア》 pen《ペン》.
かれはペンで何《なに》か書《か》いています。

✲ writing《ライティング》 は write《ライト》 の ing《アイエンヂー》 形《けい》

32ページの答《こた》え ✕ ㋐letter《レタア》 手紙《てがみ》 ○ ㋑comic《カミック》 book《ブック》 まんが本《ぼん》 ✕ ㋒textbook《テクストブック》 教科書《きょうかしょ》

scene 28 まさか、そういう意味《いみ》なのか！

!?
あ、あった！
ORO《オーアールオー》=金《ゴールド》!!
ornitorinco
órno（名・男）[植]=orene
òro（名・男）①金(Au), 黄金.
~ nero 石炭, 石油.
②金貨, 金銭, 富.
イタリア語《ご》で
金《ゴールド》だ!!!

□ **Italian** ［イタリャン］

名 **イタリア語《ご》**

Do《ドゥー》 you《ユー》 speak《スピーク》 Italian《イタリャン》?
あなたはイタリア語《ご》を話《はな》しますか？

□ **gold** ［ゴウルド］

名 **金《きん》、黄金《おうごん》**

□ **word** ［ワード］

名 **語《ご》、単語《たんご》**

scene **29** お宝《たから》を探《さが》せ！

□ heel ［ヒール］

名 かかと

□ coin ［コイン］

名 こう貨《か》、コイン

a《ア》 gold《ゴウルド》 coin《コイン》
金貨《きんか》

□ wink ［ウィンク］

動 ウインクする

Conan《コナン》 is《イズ》 winking《ウィンキング》.
コナンがウインクしています。

✲ winking《ウィンキング》 は wink《ウィンク》 の ing《アィエンヂー》 形《けい》

scene **30** 手《て》がかりは“光《ひか》る魚《さかな》”…!?

□ bridge ［ブリッヂ］

名 橋《はし》

光《ひか》る魚《さかな》…？
ああ…

□ river ［リヴァ］

名 川《かわ》

a《ア》 wide《ワイド》 river《リヴァ》
広《ひろ》い川《かわ》

□ bank ［バンク］

名 土《ど》手《て》、てい防《ぼう》

できるかな？

川《かわ》にかかっているものは何《なに》？

㋐ bridge《ブリッヂ》 ㋑ boat《ボウト》 ㋒ house《ハウス》

〈答《こた》えは2ページ後《あと》に〉

scene **31** 園子《そのこ》の知《し》り合《あ》いたちが集《あつ》まって！？

□ **cup** ［**カ**ップ］

名 （コーヒー・紅茶《こうちゃ》などの）カップ

へーー！
みなさん、同《おな》じサークルだったんですかー！
そうよ！みんな姉《あね》キの大《だい》学《がく》時《じ》代《だい》の映《えい》研《けん》仲《なか》間《ま》！
特《とく》に仲《なか》のよかったこの五人《ごにん》が、2年《ねん》ぶりに集《あつ》まったってわけ！

□ **tea** ［**ティ**ー］

名 茶《ちゃ》、紅茶《こうちゃ》

tea《ティー》 with《ウィズ》 lemon《レマン》
レモンティー

□ **lemon**

［**レ**マン］

名 レモン

scene 32 暗《くら》い空《そら》を見《み》上《あ》げるコナンと蘭《らん》

□ rain ［レイン］

名 雨《あめ》

hard《ハード》 rain《レイン》
強《つよ》い雨《あめ》

あーあ、やっぱり降《ふ》ってきちゃった…
これじゃーせっかくの緑《みどり》が台無《だいな》しね…
ねえねえ蘭《らん》！ちょっと彼《かれ》、いいと思《おも》わない？
え？
太田《おおた》さんの事《こと》？
そうそう、なーんかクールでカッコよくて…

□ cool

［クール］

形 かっこいい

He《ヒー》 is《イズ》 cool《クール》.
かれはかっこいい。

□ window ［ウィンドウ］

名 窓《まど》

Please《プリーズ》 open《オウプン》 the《ザ》 window《ウィンドウ》.
窓《まど》を開《あ》けてください。

37ページの答《こた》え　○ ㋐bridge《ブリッヂ》 橋《はし》　✕ ㋑boat《ボウト》 ボート　✕ ㋒house《ハウス》 家《いえ》

scene **33** どうも納得《なっとく》できないな…

□ dining room ［ダイニング ルーム］

名 **食堂《しょくどう》**

✲ dining《ダイニング》は「食事《しょくじ》をすること、食事《しょくじ》」の意味《いみ》

でも…
なーんか
ヘンだぞ
あの包帯男《ほうたいおとこ》…

あの男《おとこ》が、
裏口《うらぐち》から出《で》て行《い》った
知佳子《ちかこ》さんを
さらったんなら、
なんでわざわざ
玄関《げんかん》の方《ほう》に
まわって、
食堂《しょくどう》の窓《まど》から
オレ達《たち》に姿《すがた》を
見《み》せたんだ？
玄関《げんかん》
裏口《うらぐち》
食堂《しょくどう》

□ pillow ［ピロゥ］

名 **まくら**

□ sheet ［シート］

名 **シーツ**

scene 34 にぎわう街《まち》の中《なか》を歩《ある》くコナンたち

□ city ［スィティ］

名 都市《とし》、都会《とかい》

a《ア》 big《ビッグ》 city《スィティ》
大《おお》きな都市《とし》

クリスマスセール開催中
へ——よかったじゃない、お姉《ねえ》さん元気《げんき》になって…
うん、やっと大学院《だいがくいん》に通《かよ》えるようになったみたい…

□ bag ［バッグ］

名 かばん、バッグ

□ street ［ストゥリート］

名 通《とお》り

They《ゼィ》 are《アー》 crossing《クロースィング》 the《ザ》 street《ストゥリート》.
かれらは通《とお》りを横断《おうだん》しています。

✲ crossing《クロースィング》は cross《クロース》の ing《アイエンヂー》形《けい》

scene 35 人気《にんき》の歌手《かしゅ》が熱唱中《ねっしょうちゅう》！

□ singer ［スィンガァ］

名 歌手《かしゅ》

木《き》村《むら》達《たつ》也《や》は熱唱《ねっしょう》した…
彼《かれ》のヒット曲《きょく》「血まみれの《ブラッディ》女神《ビーナス》」を…

□ sing ［スィング］

動 歌《うた》う

He《ヒー》 can《キャン》 sing《スィング》 well《ウェル》.
かれは上手《じょうず》に歌《うた》えます。

□ music ［ミューズィック］

名 音楽《おんがく》

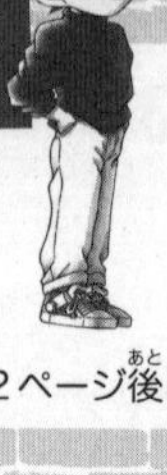

できるかな？

かれの職業《しょくぎょう》は？

㋐ singer《スィンガァ》　㋑ doctor《ダクタァ》　㋒ writer《ライタァ》

〈答《こた》えは2ページ後《あと》に〉

scene 36 食《た》べられるかどうかで見極《みきわ》める！

□ microphone ［マイクラフォウン］

名 **マイクロホン、マイク**

では、ボクが用意《ようい》したその机《つくえ》の上《うえ》にある料理《りょうり》を食《た》べてみてください…
!?
あの時《とき》、達也《たつや》さんが食《た》べたように…

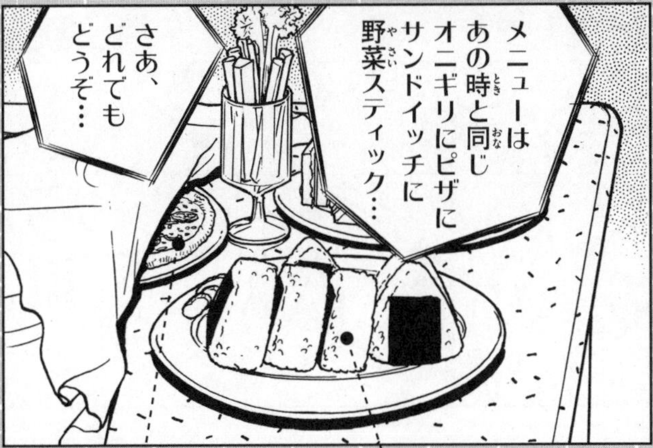

メニューはあの時《とき》と同《おな》じオニギリにピザにサンドイッチに野菜《やさい》スティック…
さあ、どれでもどうぞ…

□ pizza ［ピーツァ］

名 **ピザ**

I《アイ》 sometimes《サムタイムズ》 eat《イート》 pizza《ピーツァ》.
私《わたし》は時々《ときどき》ピザを食《た》べます。

□ rice ball

［ライス ボール］

名 **おにぎり**

scene **37** 死《し》んでしまった人《ひと》はもうもどらない…

達也《たつや》…
達也《たつや》…

□ **tear** ［ティァ］

名 **なみだ**

□ **cry** ［クラィ］

動 **(声《こえ》をあげて)泣《な》く**

The《ザ》 woman《ウマン》 is《イズ》 crying《クライイング》.
その女《おんな》の人《ひと》は泣《な》いています。

✲ crying《クライイング》 は cry《クライ》 の ing《アィエンヂー》 形《けい》

達也《たつや》〜〜〜っ!!!

□ **sad** ［サッド］

形 **悲《かな》しい**

a《ア》 sad《サッド》 story《ストーリィ》
悲《かな》しい話《はなし》

42ページの答《こた》え ○ ㋐ singer《スィンガァ》 歌手《かしゅ》 ✕ ㋑ doctor《ダクタァ》 医者《いしゃ》 ✕ ㋒ writer《ライタァ》 作家《さっか》

scene 38 蘭《らん》が帰《かえ》りを待《ま》っているのは？

□ **snow** [ス**ノ**ゥ]

名 雪《ゆき》

□ **house** [**ハ**ウス]

名 家《いえ》、住宅《じゅうたく》

□ **cold** [**コ**ウルド]

形 冷《つめ》たい、寒《さむ》い

✲「熱《あつ》い、暑《あつ》い」は hot《ハット》

cold《コウルド》 winter《ウィンタァ》
寒《さむ》い冬《ふゆ》

scene
39 これからどこに行《い》くのかな？

□ coat

[コウト]

名 コート

Ran《ラン》 is《イズ》 wearing《ウェ(ァ)リング》 a《ア》 coat《コウト》.
蘭《らん》はコートを着《き》ています。

✲ wearing《ウェ(ァ)リング》は
wear《ウェァ》の ing《アィエンヂー》 形《けい》

□ cap

[キャップ]

名 (ふちなしの) ぼうし

✲「ふちのあるぼうし」は hat《ハット》

Conan《コナン》 is《イズ》 wearing《ウェ(ァ)リング》 a《ア》 cap《キャップ》.
コナンはぼうしをかぶっています。

□ boots

[ブーツ]

名 長《なが》ぐつ、ブーツ

✲ 片方《かたほう》だけなら boot《ブート》

scene **40** たまにはテレビゲームをすることも！

□ computer game

［カン**ピュ**ータァ ゲイム］

名 **テレビゲーム**

□ play ［プ**レ**ィ］

動 **（スポーツ・ゲームなどを）する**

Conan《コナン》 is《イズ》 playing《プレイイング》 a《ア》 computer《カンピュータァ》 game《ゲイム》.
コナンはテレビゲームをしています。

✲ playing《プレイイング》 は play《プレイ》 の ing《アイエンヂー》 形《けい》

ちゃんとわたしの話《はなし》聞《き》いてるの？
え？
ピコピコ

□ shout ［**シャ**ウト］

動 **さけぶ、大声《おおごえ》で言《い》う**

Ran《ラン》 is《イズ》 shouting《シャウティング》.
蘭《らん》がさけんでいます。

✲ shouting《シャウティング》 は shout《シャウト》 の ing《アイエンヂー》 形《けい》

だからーコナン君《くん》のご両親《りょうしん》の事《こと》よーー！
ああ…
ピコピコ

「ああ」じゃないわよ!! あなたをここに預《あず》けて海外《かいがい》に転勤《てんきん》しちゃってからもう随分《ずいぶん》たつのよ!!
コナン君《くん》さみしくないの？
べ…別《べつ》に…

コナンがやっているのは？

㋐ homework《ホウムワーク》 ㋑ reading《リーディング》 ㋒ computer《カンピュータァ》 game《ゲイム》

〈答《こた》えは2ページ後《あと》に〉

scene 41 場所《ばしょ》はつき止《と》めたけど、そこから先《さき》は？

□ **hotel** ［ホウ**テ**ル］

名 **ホテル**

I《アィ》 want《ワント》 to《トゥー》 stay《ステイ》 at《アット》 that《ザット》 hotel《ホウテル》.
あのホテルにとまりたい。

BAKER HOTEL
べいカほてル…
米花《べいか》ホテルだ!!
でもこれだけじゃホテルのどこなのかはっきりしない…
新聞《しんぶん》から切《き》り取《と》られた文字《もじ》はこれだけだし…
ほかに文字《もじ》になるよーな物《もの》はこの部屋《へや》には…
ん？
1988
9
カレンダー…

□ **calendar**
［**キャ**ランダァ］

名 **カレンダー**

□ **wall** ［**ウォ**ール］

名 **かべ**

scene **42**

カレンダーからヒントを見《み》つけろ！

□ year ［イァ］

名 年《とし》

next《ネクスト》 year《イァ》
来年《らいねん》

□ month ［マンス］

名 (こよみの上《うえ》の)月《つき》

this《ズィス》 month《マンス》
今月《こんげつ》

でも、おかしいな…
側面《そくめん》はこんなに黄《き》ばんでるのに
表面《ひょうめん》にはそれがない…
破《やぶ》り目《め》も真新《まあたら》しいし…
1988
9
SEPTEMBER
日 月 火 水 木 金 土
んー…？

□ week ［ウィーク］

名 週《しゅう》

last《ラスト》 week《ウィーク》
先週《せんしゅう》

47ページの答《こた》え ✕ ㋐homework《ホウムワーク》 宿題《しゅくだい》 ✕ ㋑reading《リーディング》 読書《どくしょ》 ○ ㋒computer《カンピュータァ》 game《ゲイム》 テレビゲーム

scene 43 あやしい行動《こうどう》を、必死《ひっし》に弁解《べんかい》！？

ウチの車《くるま》に何《なに》か用《よう》か？
パパー こいつきっとドロボーだよ ドロボー!!
い、いいえ ちがうんです…
カッコイイ車《くるま》だったから つい…

パパー 早《はや》く遊園地《ゆうえんち》行《い》こ!!
ブロロ…
オーー！
なんか全然関係《ぜんぜんかんけい》なさそーだな…

□ parking lot

[パーキング ラット]

名 ちゅう車場《しゃじょう》

□ start [スタート]

動 出発《しゅっぱつ》する

We《ウィ》 will《ウィル》 start《スタート》 at《アット》 10《テン》 in《イン》 the《ザ》 morning《モーニング》.

私《わたし》たちは午前《ごぜん》10時《じ》に出発《しゅっぱつ》します。

□ car [カー]

名 自動車《じどうしゃ》

Can《キャン》 you《ユー》 drive《ドゥライヴ》 a《ア》 car《カー》?

自動車《じどうしゃ》を運転《うんてん》できますか？

scene 44 ガムがそう査《さ》に必要《ひつよう》なんだ！

君《きみ》が持《も》ってるチューインガムを使《つか》わせてもらおうか…
え？これ？

□ gum

［ガム］

名 ガム

＊ chewing《チューイング》 gum《ガム》 ともいう

□ have ［ハヴ］

動 (～を)持《も》っている

Do《ドゥー》 you《ユー》 have《ハヴ》 some《サム》 gum《ガム》?
ガム持《も》っている?

□ hand

［ハンド］

名 手《て》

my《マィ》 left《レフト》 hand《ハンド》
私《わたし》の左《ひだり》手《て》

scene 45 久《ひさ》しぶりに新一《しんいち》に会《あ》った両親《りょうしん》は？

□ **passenger** ［パサンヂャァ］

名 乗客《じょうきゃく》

―成田空港《なりたくうこう》―
キイイイン

いやー面白《おもしろ》かったなー！原稿《げんこう》放《ほう》り出《だ》して日本《にっぽん》に逃《に》げて来《き》たかいがあったよ！
でも、新《しん》ちゃん大丈夫《だいじょうぶ》かしら？
なーにそのうち音《ね》をあげて泣《な》きついて来《く》るさ！

□ **noise** ［ノイズ］

名 (不快《ふかい》な) 物音《ものおと》、そうおん

□ **plane** ［プレイン］

名 飛行機《ひこうき》

✲ airplane《エァプレイン》 ともいう

scene **46** ドジったみたいだな…

□ **stone**

［スト**ウ**ン］

名 石《いし》

□ **around** ［ア**ラ**ウンド］

前 (～の) 周《まわ》りに［を］

around《アラウンド》 the《ザ》 pond《パンド》

池《いけ》の周《まわ》りに

□ **pond**

［**パ**ンド］

名 池《いけ》

コナンが落《お》ちたところは?

㋐ **sea**《スィー》 ㋑ **river**《リヴァ》 ㋒ **pond**《パンド》

〈答《こた》えは2ページ後《あと》に〉

scene 47 まずい、犯人《はんにん》が追《お》ってくる!!

私《わたし》はもうすぐ結婚《けっこん》するんだ!!
なのに兄《あに》はここから出《で》ていかない!!
ダダダ
それどころかもっと金《かね》をよこせといいやがる!!
だから…このゴルフクラブで…

□ chase ［チェイス］

動 (～を) 追《お》う、追《お》いかける

The《ザ》 man《マン》 is《イズ》 chasing《チェイスィング》 Conan《コナン》.
男《おとこ》の人《ひと》がコナンを追《お》いかけています。

✲ chasing《チェイスィング》 は chase《チェイス》 の ing《アィエンヂー》 形《けい》

□ run ［ラン］

動 走《はし》る

Conan《コナン》 is《イズ》 running《ラニング》 down《ダウン》 the《ザ》 stairs《ステァズ》.
コナンが階段《かいだん》をかけ降《お》りています。

✲ running《ラニング》 は run《ラン》 の ing《アィエンヂー》 形《けい》

□ stairs

［ステァズ］

名 階段《かいだん》

scene **48** やられっぱなしじゃいられない！

□ hit ［ヒット］

動 (〜を) たたく

Don't《ドウント》 hit《ヒット》 me《ミー》.
私《わたし》をたたかないで。

いってー
もう
怒《おこ》ったぞ…
ハァ
ハァ
ハァ
カチカチ

□ cabbage

［キャビッヂ］

名 キャベツ

□ sweet potato

［スウィート パテイトウ］

名 さつまいも

✲ potato《パテイトウ》だけなら「じゃがいも」を指《さ》す

53ページの答《こた》え ✕ ㋐sea《スィー》 海《うみ》 ✕ ㋑river《リヴァ》 川《かわ》 ○ ㋒pond《パンド》 池《いけ》

scene 49 きっとどこかにあるはずだ！

□ balloon ［バルーン］

名 風船《ふうせん》

おっかしーなー絶対《ぜったい》あるはずなのに…
あ、ボウヤダメだよ!!
ゴソ
ゴソ
くっそー…
キョロ
キョロ
あ…

□ toothbrush

［トゥースブラッシュ］

名 歯《は》ブラシ

□ trash can

［トゥラッシュ キャン］

名 ごみ箱《ばこ》

Put《プット》 garbage《ガービッヂ》 in《イン》 a《ア》 trash《トゥラッシュ》 can《キャン》.
ごみはごみ箱《ばこ》に入《い》れなさい。

scene **50** 何《なん》か事件《じけん》が起《お》きそうだ…

□ phone ［フォウン］

名 **電話《でんわ》、電話機《でんわき》**

＊ telephone《テリフォウン》ともいう

a《ア》 phone《フォウン》 number《ナンバァ》
電話番号《でんわばんごう》

ガチャ
あ、ちょっと!
ーったく…自分勝手《じぶんかって》な依頼人《いらいにん》だぜ…
でもいいじゃない。おかげで伊豆沖《いずおき》の小島《こじま》でのんびりできるんだから!
ねー、コナン君《くん》?
うん!
フン…
あれがのんびりできる島《しま》に見《み》えるかよ…?
カァ カァ カァ
ドッ ドッ ドッ
ーー月影島《つきかげじま》ーー

□ island ［アイランド］

名 **島《しま》**

□ fog ［フォーッグ］

名 **きり**

scene **51** おそろしい事件《じけん》の記《き》おくが語《かた》られる！

□ audience

［オーディアンス］

名 (劇《げき》・コンサートなどの) 観客《かんきゃく》

a《ア》 large《ラーヂ》 audience《オーディアンス》
多《おお》くの観客《かんきゃく》

□ pianist

［ピアニスト］

名 ピアニスト

そう…あれは確《たし》か12年前《ねんまえ》の満月《まんげつ》の夜《よる》…
この島《しま》の出身《しゅっしん》で有名《ゆうめい》なピアニストだった彼《かれ》が、村《むら》の公民館《こうみんかん》で演奏会《えんそうかい》をやった後《あと》、
突然《とつぜん》家族《かぞく》を連《つ》れて家《いえ》に閉《と》じこもり、火《ひ》を放《はな》ったのです…

□ play ［プレィ］

動 (楽器《がっき》を) 演奏《えんそう》する

He《ヒー》 can《キャン》 play《プレィ》 the《ザ》 piano《ピアノゥ》 well《ウェル》.
かれは上手《じょうず》にピアノをひけます。

scene 52 だいぶねむたいコナンたち！

□ sleepy

［スリーピィ］

形 **ねむい**

I'm《アイム》 sleepy《スリーピィ》.
私《わたし》はねむい。

□ tired

［タイァド］

形 **つかれた、くたびれた**

I'm《アイム》 tired《タイァド》.
私《わたし》はつかれました。

□ mouth

［マウス］

名 **口《くち》**

53 おいしそうなおかずがぎっしり！

□ rice
[**ラ**イス]

名 米《こめ》、ご飯《はん》

white《(ホ)ワイト》 rice《ライス》
白米《はくまい》

□ strawberry
[ストゥ**ロ**ーベリィ]

名 いちご

□ sausage
[**ソ**ースィッヂ]

名 ソーセージ

お弁《べん》当《とう》箱《ばこ》の左《ひだり》下《した》に入《はい》っている果《くだ》物《もの》は？

㋐ banana《バナナ》 ㋑ strawberry《ストゥローベリィ》 ㋒ grape《グレイプ》

〈答《こた》えは２ページ後《あと》に〉

scene **54** いい動《うご》きからの、するどいシュート！

□ soccer ［サッカァ］

名 **サッカー**

They《ゼィ》 are《アー》 playing《プレイイング》 soccer《サッカァ》.
かれらはサッカーをしています。

✲ playing《プレイイング》 は play《プレィ》 の ing《アィエンヂー》 形《けい》

□ kick ［キック］

動 **（〜を）ける**

The《ザ》 player《プレイァ》 is《イズ》 kicking《キッキング》 a《ア》 ball《ボール》.
選手《せんしゅ》がボールをけっています。

✲ kicking《キッキング》 は kick《キック》 の ing《アィエンヂー》 形《けい》

いや、いい所《ところ》に竹田《たけだ》がつめていた!!
ディフェンスを大《おお》きく横《よこ》に振《ふ》って…

ローーングシュートォ!!

□ soccer player

［サッカァ プレイァ］

名 **サッカー選手《せんしゅ》**

scene

55 青《あお》ざめる選手《せんしゅ》、そのわけは？

□ stadium

［ス**テ**イディアム］

名 スタジアム

a《ア》 soccer《サッカァ》 stadium《ステイディアム》
サッカースタジアム

□ excited

［イク**サ**イティド］

形 興奮《こうふん》した

an《アン》 excited《イクサイティド》 man《マン》
興奮《こうふん》した男《おとこ》の人《ひと》

□ soccer team

［**サ**ッカァ ティーム］

名 サッカーチーム、サッカー部《ぶ》

60ページの答《こた》え　✕ ㋐banana《バナナ》 バナナ　○ ㋑strawberry《ストゥローベリィ》 いちご　✕ ㋒grape《グレイプ》 ぶどう

ついに蘭《らん》がキレた！

□ inside ［イン**サ**イド］

名 内側《うちがわ》、内部《ないぶ》

the《ズィ》 inside《インサイド》 of《アヴ》 the《ザ》 room《ルーム》
部屋《へや》の内側《うちがわ》

□ toilet ［**ト**イリット］

名 (水洗式《すいせんしき》の) 便器《べんき》

□ outside ［アウト**サ**イド］

名 外側《そとがわ》、外部《がいぶ》

the《ズィ》 outside《アウトサイド》 of《オヴ》 the《ザ》 room《ルーム》
部屋《へや》の外側《そとがわ》

scene **57** パラソルの下《した》でも暑《あつ》いな～

□ **glass** ［グラス］

名 **グラス、コップ**

□ **on** ［アン］

前 **(～の) 上《うえ》に［で］**

on《アン》 the《ザ》 table《テイブル》
テーブルの上《うえ》に

□ **table** ［テイブル］

名 **テーブル**

できるかな？

グラスはどこの上《うえ》にのっている？

㋐ chair《チェア》　㋑ table《テイブル》　㋒ desk《デスク》

〈答《こた》えは２ページ後《あと》に〉

scene 58 ちょっと気取《きど》ってこんなセリフを

□ **sky** [スカィ]

名 空《そら》

✲ ふつう the《ザ》 をつけて the《ザ》 sky《スカイ》 とする

□ **star** [スター]

名 星《ほし》

a《ア》 shooting《シューティング》 star《スター》
流《なが》れ星《ぼし》

わー
きれいな
星空《ほしぞら》～♡
展望《てんぼう》ラウンジ
ああ…
でも
君《きみ》ほどじゃ
ないよ…
え？

□ **drink** [ドゥリンク]

名 飲《の》み物《もの》、酒《さけ》

scene **59** あの薬《くすり》は何《なん》だろう!?

□ hairband [**ヘ**ァバンド]

名 ヘアバンド

あれ? あの薬《くすり》…
明子《あきこ》さんが持《も》ってた薬《くすり》と同《おな》じじゃねーか…
じゃーこの薬《くすり》も……
ねーこれ、なんの薬《くすり》?
ちょっと勝手《かって》に触《さわ》んないでよ!!

□ woman

[**ウ**マン]

名 女性《じょせい》、女《おんな》の人《ひと》

✲ 複数形《ふくすうけい》(2人《ふたり》以上《いじょう》)は women《ウィミン》

□ medicine

[**メ**ダスィン]

名 薬《くすり》

Take《テイク》 this《ズィス》 medicine《メダスィン》.
この薬《くすり》を飲《の》みなさい。

64ページの答《こた》え ✕ ㋐chair《チェア》 いす ○ ㋑table《テイブル》 テーブル ✕ ㋒desk《デスク》 机《つくえ》

scene **60** 朝食《ちょうしょく》はぱぱっと済《す》まそう

□ plastic bag ［プ**ラ**スティック バッグ］

名 **ビニールぶくろ**

おい どーだった 花嫁《はなよめ》は？
グー♡
買《か》って 来《き》たわよ パンと ミルク！ おなかすいてた でしょ？
そーいえば 朝《あさ》メシまだ だっけ…

□ milk ［ミルク］

名 **牛乳《ぎゅうにゅう》、ミルク**

I《アイ》 drink《ドゥリンク》 milk《ミルク》 every《エヴリィ》 day《デイ》.
私《わたし》は毎日牛乳《まいにちぎゅうにゅう》を飲《の》みます。

□ bread

［ブ**レ**ッド］

名 **パン**

できるかな？

蘭《らん》が買《か》ってきたのはパンと何《なに》？

㋐ newspaper《ヌーズペイパァ》 ㋑ water《ウォータァ》 ㋒ milk《ミルク》

〈答《こた》えは2ページ後《あと》に〉

scene **61** 事件《じけん》発生《はっせい》。花《はな》よめは助《たす》かる!?

□ ambulance ［アンビュランス］

名 救急車《きゅうきゅうしゃ》

ザワ
ザワ
消防庁

小百合《さゆり》しっかりしろ!!
小百合《さゆり》!!

□ church

［チャーチ］

名（キリスト教《きょう》の）教会《きょうかい》

□ carry ［キャリィ］

動（～を）運《はこ》ぶ

They《ゼィ》 are《アー》 carrying《キャリィイング》 a《ア》 woman《ウマン》.
かれらは女《おんな》の人《ひと》を運《はこ》んでいます。

✲ carrying《キャリィイング》 は carry《キャリィ》 の ing《アィエンヂー》 形《けい》

scene **62** 音《おと》だけが手《て》がかり！　ここはどこ！?

□ gas station ［ギャス ステイション］

名 **ガソリンスタンド**

いらねーよ！
オレ達《たち》や急《いそ》いでんだ、早《はや》くしてくれ！
は、はい…

今《いま》なら仮面《かめん》ヤイバータオルかTシャツ《ティー》をさしあげておりますが…？
!?

□ worker

［ワーカァ］

名 **働《はたら》く人《ひと》、労働者《ろうどうしゃ》**

□ work ［ワーク］

動 **働《はたら》く**

They《ゼィ》 always《オールウェイズ》 work《ワーク》 hard《ハード》.

かれらはいつも熱心《ねっしん》に働《はたら》きます。

67ページの答《こた》え　✕ ㋐newspaper《ヌーズペイパァ》 新聞《しんぶん》　✕ ㋑water《ウォータァ》 水《みず》　〇 ㋒milk《ミルク》 牛乳《ぎゅうにゅう》

63 温泉《おんせん》につかってごきげんな蘭《らん》♫

□ hot spring

［ハット スプリング］

名 温泉《おんせん》

――栃木県《とちぎけん》・温泉旅館《おんせんりょかん》「弁慶《べんけい》」――
ふん♪ふん♬

□ bath ［バス］

名 入浴《にゅうよく》、ふろ

Ran《ラン》 is《イズ》 taking《テイキング》 a《ア》 bath《バス》.
蘭《らん》はおふろに入《はい》っています。

✲ taking《テイキング》 は take《テイク》 の ing《アイエンヂー》 形《けい》

□ towel

［タウ(ア)ル］

名 タオル

scene 64 昔《むかし》のアルバムを見《み》ていると!?

□ look [ルック]

動 見《み》る、じっと見《み》る

Look《ルック》 at《アット》 this《ズィス》 picture《ピクチャァ》.
この写真《しゃしん》を見《み》てください。

✲ look《ルック》 at《アット》 ～で「～を見《み》る」を表《あらわ》す

みんな若《わか》いなー!
ん?

□ album

[アルバム]

名 (写真《しゃしん》などの)アルバム

あーこれ、都《と》大会《たいかい》で準優勝《じゅんゆうしょう》した時《とき》の写真《しゃしん》ね!!
ああ! 覚《おぼ》えてる 覚《おぼ》えてる!
BEIKA

□ team

[ティーム]

名 (スポーツなどの)チーム

scene 65 きょうれつなスマッシュ！

□ table tennis ［テイブル テニス］

名 たっ球《きゅう》

Let's《レッツ》 play《プレィ》 table《テイブル》 tennis《テニス》.
たっ球《きゅう》をしよう。

パコーン
よっしゃーーっ!!
ん？ どーした？
トイレだよ…

□ racket

［ラキット］

名 （テニス・たっ球《きゅう》などの）ラケット

✲ たっ球《きゅう》のラケットの場合《ばあい》は、paddle《パドゥル》、bat《バット》ともいう

□ clock

［クラック］

名 時計《とけい》

✲ 置《お》き時計《どけい》やかけ時計《どけい》を指《さ》す。うで時計《どけい》は watch《ワッチ》

できるかな？

小五郎《こごろう》たちがやっているのは？

㋐ soccer《サッカァ》 ㋑ table《テイブル》 tennis《テニス》 ㋒ fishing《フィッシング》

〈答《こた》えは２ページ後《あと》に〉

scene **66** 熱《あつ》いコーヒーをいれていると！？

ありゃー 変《へん》じゃのー ……
トク
トク

□ cupboard ［カバァド］

名 **食器《しょっき》だな**

□ coffee ［コーフィ］

名 **コーヒー**

□ hot ［ハット］

形 **熱《あつ》い、暑《あつ》い**

✲「冷《つめ》たい、寒《さむ》い」は cold《コウルド》

hot《ハット》 coffee《コーフィ》
熱《あつ》いコーヒー

67 今日《きょう》はおおむね雨《あめ》らしい…

□ rainy ［レイニィ］

形 **雨《あめ》の、雨降《あめふ》りの**

rainy《レイニィ》 weather《ウェザァ》
雨天《うてん》

□ time ［タイム］

名 **時間《じかん》、時《とき》**

What《(ホ)ワット》 time《タイム》 is it《イズイット》 now《ナゥ》?
今《いま》、何時《なんじ》ですか?

今日《きょう》の関東地方《かんとうちほう》のお天気《てんき》は…
7:12
遅《おそ》いね あの三人《さんにん》…
しゃーねーだろ？三人《さんにん》もいるんだから…

□ weather

［**ウェ**ザァ］

名 **天気《てんき》**

72ページの答《こた》え　✕ ㋐soccer《サッカァ》 サッカー　〇 ㋑table《テイブル》 tennis《テニス》 たっ球《きゅう》　✕ ㋒fishing《フィッシング》 つり

scene 68 この高熱《こうねつ》はいったい？

□ order ［オーダァ］

動 命令《めいれい》する

Mr.《ミスタァ》 Megure《メグレ》 is《イズ》 ordering《オーダリング》 a《ア》 police《パリース》 officer《オーフィサァ》 to《トゥー》 make《メイク》 a《ア》 phone《フォウン》 call《コール》.

目暮警部《めぐれけいぶ》は警官《けいかん》に電話《でんわ》するように命令《めいれい》しています。

✲ ordering《オーダリング》 は order《オーダァ》 の ing《アィエンチー》形《けい》

うわっ、すごい熱《ねつ》…
ハア ハア
誰《だれ》かお医者《いしゃ》さんを!!
ハア ハア
おい、電話《でんわ》してやれ!!
は、はい！

□ worry ［ワーリィ］

動 心配《しんぱい》する

Don't《ドウント》 worry《ワーリィ》.

心配《しんぱい》しないで。

□ fever ［フィーヴァ］

名 (病気《びょうき》の)熱《ねつ》

Does《ダズ》 Conan《コナン》 have《ハヴ》 a《ア》 high《ハイ》 fever《フィーヴァ》?

コナンは高《たか》い熱《ねつ》がありますか?

scene 69 まんざらでもないんだ、この時間《じかん》

□ pull ［プル］

動 （～を）引《ひ》く

Ayumi《アユミ》 is《イズ》 pulling《プリング》 Conan《コナン》.
歩美《あゆみ》がコナンを引《ひ》っ張《ぱ》っています。

✲ pulling《プリング》 は pull《プル》 の ing《アィエンヂー》 形《けい》

□ friend ［フレンド］

名 友達《ともだち》、友人《ゆうじん》

こいつらと こーーやって いっしょに いるのも…
最後《さいご》に なるかも しれねーし な…

□ together ［タゲザァ］

副 いっしょに、ともに

Let's《レッツ》 play《プレィ》 together《タゲザァ》.
いっしょに遊《あそ》ぼう。

scene **70** 本当《ほんとう》は高校生《こうこうせい》だから、児童書《じどうしょ》はちょっとね

□ library [ライブレリィ]

名 **図書館《としょかん》、図書室《としょしつ》**

―米花図書館《べいかとしよかん》―
―ったく…
―3階《がい》児童書《じどうしよ》コーナー―
どれもこれもくだらねー本《ほん》ばっかだな…
アハハハ…
こんなん読《よ》んで感想文《かんそうぶん》を書《か》けっつーのかよ!
しかもなんだよこのイビツな並《なら》べ方《かた》は…
☆サムライ小
ふしぎなバット
ちゃんと並《なら》べろよな!

□ shelf

[シェルフ]

名 **たな**

✲ 複数形《ふくすうけい》(2つ以上《いじょう》)は shelves《シェルヴズ》

book《ブック》 shelves《シェルヴズ》 of《アヴ》 a《ア》 library《ライブレリィ》
図書館《としょかん》のたな

□ book [ブック]

名 **本《ほん》、書物《しょもつ》**

They《ゼィ》 are《アー》 reading《リーディング》 books《ブックス》.
かれらは本《ほん》を読《よ》んでいます。

✲ reading《リーディング》は read《リード》の ing《アィエンヂー》形《けい》

できるかな?

コナンたちはどこにいる?

㋐ hotel《ホウテル》 ㋑ station《ステイション》 ㋒ library《ライブレリィ》

〈答《こた》えは2ページ後《あと》に〉

scene 71 小五郎《こごろう》、実《じつ》はスキーが苦手《にがて》？

□ skier ［スキーァ］

名 スキーをする人《ひと》

あれ？
シャアア
お父《とう》さん滑《すべ》んないの？
バーカ、オレは滑《すべ》る前《まえ》にじっくり味《あじ》わってんだよ！
ザッ

□ snowboard

［スノゥボード］

名 スノーボード

□ ski ［スキー］

動 スキーをする

Ran《ラン》 can《キャン》 ski《スキー》 well《ウェル》.

蘭《らん》はスキーがうまい。

scene 72 ドアノックに何《なに》か問題《もんだい》が？

□ touch［タッチ］

動 (～に) さわる、ふれる

Kogoro《コゴロウ》 is《イズ》 touching《タッチング》 the《ザ》 door《ドァ》 knocker《ナッカァ》.
小五郎《こごろう》がドアノックにふれています。

✲ touching《タッチング》 は touch《タッチ》 の ing《アィエンヂー》 形《けい》

馬《うま》？
そ、そうですな この飾《かざ》りは獅子《しし》より 馬《うま》の方《ほう》が…
い、いや そうでは なくて…
キキッ

□ stop［スタップ］

動 (～を) 止《と》める、止《と》まる

Stop《スタップ》 the《ザ》 car《カー》.
車《くるま》を止《と》めてください。

□ stand［スタンド］

動 立《た》つ、立《た》っている

Ran《ラン》 is《イズ》 standing《スタンディング》 by《バイ》 Conan《コナン》.
蘭《らん》はコナンのそばに立《た》っています。

✲ standing《スタンディング》 は stand《スタンド》 の ing《アィエンヂー》 形《けい》

77ページの答《こた》え　✕ ㋐hotel《ホウテル》 ホテル　✕ ㋑station《ステイション》 駅《えき》　○ ㋒library《ライブレリィ》 図書館《としょかん》

scene 73 急《いそ》いで買《か》い出《だ》しに行《い》かなくちゃ！

あ、いっけなーい お酒《さけ》のつまみ買《か》うの忘《わす》れてた…
えーーー

ちょっと ふもとのコンビニまで 買《か》いに行《い》ってくるわ…
じゃあ ポテチもよろしく…
オレスルメ！
私《わたし》はサラダ！
ハイハイ ちゃんと買《か》って来《く》るから 紙《かみ》に書《か》いて！
ヘイヘイ…

□ women

[ウィミン]

名 woman《ウマン》(女性《じょせい》)の複数形《ふくすうけい》

two《トゥー》 women《ウィミン》
2人《ふたり》の女《おんな》の人《ひと》

□ note [ノウト]

名 覚《おぼ》え書《が》き、メモ

□ men [メン]

名 man《マン》(男性《だんせい》)の複数形《ふくすうけい》

two《トゥー》 men《メン》
2人《ふたり》の男《おとこ》の人《ひと》

scene **74** 大雪《おおゆき》の夜《よる》に殺人事件《さつじんじけん》が！

□ **ask** [**ア**スク]

動 **たずねる、聞《き》く、質問《しつもん》する**

Let's《レッツ》 ask《アスク》 her《ハー》.
かのじょに聞《き》いてみよう。

□ **snowy** [ス**ノ**ウィ]

形 **雪《ゆき》の多《おお》い、雪《ゆき》の降《ふ》る**

a《ア》 snowy《スノウィ》 night《ナイト》
雪《ゆき》の降《ふ》る夜《よる》

なるほど…大山《おおやま》さんが例《れい》のTV《テレビ》ドラマを観《み》てた頃《ころ》ですな？
ええ……
体中《からだじゅう》に無数《むすう》の傷《きず》がありますが、直接《ちょくせつ》の死因《しいん》は肺《はい》に到達《とうたつ》していると思《おも》われる、二《ふた》つの刺《さ》し傷《きず》による窒息死《ちっそくし》…

死亡推定時刻《しぼうすいていじこく》は、今《いま》から一時間半《いちじかんはん》から二時間前《にじかんまえ》…
つまり、午後《ごご》9時《じ》半《はん》から10時《じ》の間《あいだ》だと思《おも》われます…
ヒュオオォ

□ **answer** [**ア**ンサァ]

動 **(質問《しつもん》などに) 答《こた》える**

Please《プリーズ》 answer《アンサァ》 my《マイ》 question《クウェスチョン》.
私《わたし》の質問《しつもん》に答《こた》えてください。

scene **75** なぞを解《と》くかぎは…指《ゆび》輪《わ》だ！

□ finger ［フィンガァ］

名 （手《て》の）指《ゆび》

✲「足《あし》の指《ゆび》」はtoe《トウ》

□ shoulder

［ショウルダァ］

名 かた

□ ring ［リング］

名 輪《わ》、指《ゆび》輪《わ》

Eri《エリ》 is《イズ》 wearing《ウェ(ア)リング》 a《ア》 ring《リング》.
英《え》理《り》は指《ゆび》輪《わ》をしています。

✲ wearing《ウェ(ア)リング》 は wear《ウェア》 の ing《アィエンヂー》 形《けい》

scene **76** 山《やま》の中《なか》で、コナンたちが見《み》つけたのは！？

□ waterfall ［**ウォ**ータァフォール］

名 **たき**

□ temple

［**テ**ンプル］

名 **寺《てら》、寺《じ》院《いん》**

✲「神社《じんじゃ》」は shrine《シュライン》

□ cardigan

［**カ**ーディガン］

名 **カーディガン**

Ran《ラン》 is《イズ》 wearing《ウェ(ア)リング》 a《ア》 cardigan《カーディガン》.
蘭《らん》はカーディガンを着《き》ています。

✲ wearing《ウェ(ア)リング》 は wear《ウェア》 の ing《アィエンヂー》 形《けい》

scene **77** 寺《てら》で一夜《いちや》を明《あ》かしたコナンたちは！？

□ morning ［**モ**ーニング］

名 **朝《あさ》、午前《ごぜん》**

✲「午後《ごご》」は afternoon《アフタァヌーン》

every《エヴリィ》 morning《モーニング》
毎朝《まいあさ》

ドドド…!!

ふあぁ…
おや？木念《もくねん》さんも夜更《よふか》しを？

□ mountain

［**マ**ウンテン］

名 **山《やま》**

□ breakfast

［ブ**レ**ックファスト］

名 **朝食《ちょうしょく》、朝《あさ》ご飯《はん》**

✲「昼食《ちゅうしょく》」は lunch《ランチ》

Breakfast《ブレックファスト》 is《イズ》 ready《レディ》.
朝食《ちょうしょく》の用意《ようい》ができました。

scene 78 いろいろなものに、なぞの暗号《あんごう》が？

□ record

［レカァド］

名 レコード

□ dictionary

［ディクショネリィ］

名 辞書《じしょ》、辞典《じてん》

暗号《あんごう》がついてたのは、トランプに仏《フランス》語《ご》辞《じ》典《てん》にレコード…
レコード
仏《フランス》語《ご》辞《じ》典《てん》
トランプ

□ card ［カード］

名 トランプ（の札《ふだ》）

Let's《レッツ》 play《プレィ》 cards《カーヅ》.
トランプをしよう。

できるかな？

言葉《ことば》を調《しら》べるときに使《つか》うものは？

㋐ basket《バスキット》　㋑ dictionary《ディクショネリィ》　㋒ plate《プレイト》

〈 答《こた》えは2ページ後《あと》に 〉

scene **79** ごうかなディナーは済《す》んだけど！？

□ spoon ［スプーン］

名 スプーン

Use《ユーズ》 this《ズィス》 spoon《スプーン》.
このスプーンを使《つか》ってください。

□ chopsticks

［チャップスティックス］

名（食事用《しょくじよう》の）はし

✲ 1本《ぽん》の「はし」なら chopstick《チャップスティック》

食《く》った 食《く》った…
それにしても 全然《ぜんぜん》姿《すがた》を見《み》せないな、オーナー…

□ fork ［フォーク］

名（食事用《しょくじよう》の）フォーク

Use《ユーズ》 this《ズィス》 fork《フォーク》.
このフォークを使《つか》ってください。

scene 80 平次《へいじ》の口調《くちょう》でトリックを説明《せつめい》するコナン

トリックはこうや！
今《いま》からまる一日前《いちにちまえ》に殺《ころ》した
オーナーを車《くるま》のシートに座《すわ》らせ、
ブレーキを踏《ふ》んだ状態《じょうたい》で
固定《こてい》する…
半日《はんにち》たてば死体《したい》は
死後硬直《しごこうちょく》で硬《かた》くなり、
エンジンをかけて
ギアをドライブに入《い》れても、
ブレーキが踏《ふ》まれてるため
車《くるま》は止《と》まったままや…
そして昨日《ゆうべ》の食事《しょくじ》の前《まえ》に
ガレージを開《あ》け、硬直《こうちょく》がとけて
ブレーキを踏《ふ》んでいる足《あし》が緩《ゆる》み、
自然《しぜん》に車《くるま》が動《うご》き出《だ》すのを
リビングでまっていれば…

□ **drive** [ドゥライヴ]

動 (車《くるま》などを)運転《うんてん》する

He《ヒー》 can《キャン》 drive《ドゥライヴ》 a《ア》 car《カー》.
かれは車《くるま》を運転《うんてん》できます。

□ **seat** [スィート]

名 席《せき》、座席《ざせき》

□ **sit** [スィット]

動 座《すわ》る

He《ヒー》 is《イズ》 sitting《スィッティング》 on《アン》 the《ザ》 seat《スィート》.
かれは座席《ざせき》に座《すわ》っています。

＊ sitting《スィッティング》は sit《スィット》の ing《アィエンヂー》 形《けい》

85ページの答《こた》え　✕ ㋐basket《バスキット》 かご　○ ㋑dictionary《ディクショネリィ》 辞書《じしょ》　✕ ㋒plate《プレイト》 皿《さら》

scene **81** たまには絵《え》でもかいてみる？

□ brush

［ブラッシュ］

名 **ブラシ、筆《ふで》**

□ paint ［ペイント］

動 **(絵《え》の具《ぐ》で絵《え》を)かく**

Conan《コナン》 is《イズ》 painting《ペインティング》 a《ア》 picture《ピクチャァ》.
コナンは絵《え》をかいています。

✲ painting《ペインティング》 は paint《ペイント》 の ing《アィエンヂー》 形《けい》

□ palette ［パレット］

名 **パレット**

scene 82 待《ま》ち望《のぞ》んでいたゴメラが公開《こうかい》！

□ building ［ビルディング］

名 建物《たてもの》、ビル

a《ア》 tall《トール》 building《ビルディング》
高《たか》い建物《たてもの》

二《に》か月後《げつご》…ゴメラは無事《ぶじ》に公開《こうかい》された…
ゴメラ 最期の決戦
未撮影《みさつえい》のラストシーンは、今《いま》までのフィルムをつなぎ合《あ》わせて構成《こうせい》されゴメラが死《し》ぬカットは消滅《しょうめつ》した…
ゴメラは永遠《えいえん》にスクリーンの中《なか》で生《い》き続《つづ》ける事《こと》になったのだ…
大迫力《だいはくりょく》の映像《えいぞう》とストーリー展開《てんかい》に、
観客《かんきゃく》は息《いき》をのみ歓喜《かんき》する…
オオオオ

□ movie theater

［ムーヴィ スィーアタァ］

名 映画館《えいがかん》

□ signal

［スィグナル］

名 信号機《しんごうき》

scene 83 秋《あき》はやっぱりこんな季節《きせつ》！

□ hungry

［ハングリィ］

形 空腹《くうふく》の

a《ア》 hungry《ハングリィ》 boy《ボーイ》
おなかのすいた男《おとこ》の子《こ》

なーにが恋愛《れんあい》の季節《きせつ》だか……
ムス…
やっぱ秋《あき》は、食欲《しょくよく》の秋《あき》だな…
ぐうぅ…

□ stomach ［スタマック］

名 胃《い》、腹《はら》、おなか

□ newspaper ［ヌーズペイパァ］

名 新聞《しんぶん》

Kogoro《ココロウ》 is《イズ》 reading《リーディング》 a《ア》 newspaper《ヌーズペイパァ》.
小五郎《こごろう》は新聞《しんぶん》を読《よ》んでいます。

＊ reading《リーディング》 は read《リード》 の ing《アイエンヂー》 形《けい》

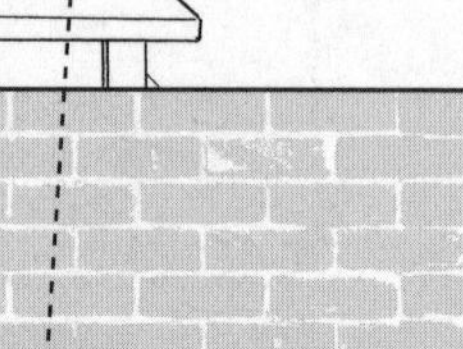

できるかな？

コナンはどんな様子《ようす》？

㋐ excited《イクサイティド》　㋑ hungry《ハングリィ》　㋒ interested《インタラスティド》

〈 答《こた》えは2ページ後《あと》に 〉

ソファーでねむってしまったコナン

□ lie ［ラィ］

動 横《よこ》になる、横《よこ》たわる

Conan《コナン》 is《イズ》 lying《ライイング》 on《アン》 the《ザ》 sofa《ソウファ》.
コナンはソファーで横《よこ》になっています。

✲ lying《ライイング》 は lie《ラィ》 の ing《アィエンヂー》 形《けい》

―ったく
こんな所《ところ》で
うたた寝《ね》
しちゃって…
ムニャ
ムニャ
……蘭《らん》……

□ talk ［トーク］

動 話《はな》す、しゃべる

Conan《コナン》 is《イズ》 talking《トーキング》.
コナンが話《はな》しています。

✲ talking《トーキング》 は talk《トーク》 の ing《アィエンヂー》 形《けい》

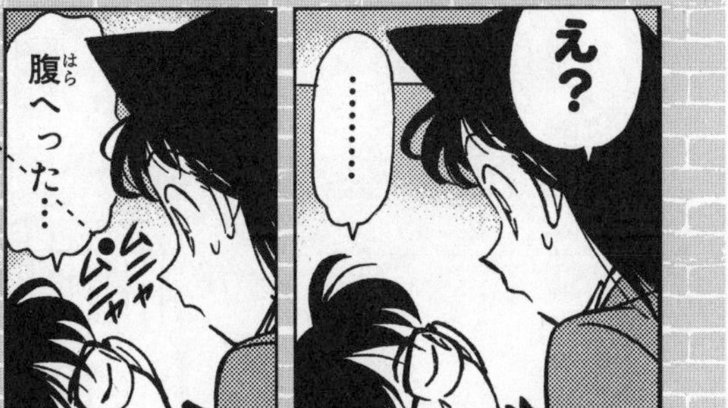
え？
………
腹《はら》へった…
ムニャ
ムニャ

□ sleep

［スリープ］

動 ねむる

Conan《コナン》 is《イズ》 sleeping《スリーピング》.
コナンはねむっています。

✲ sleeping《スリーピング》 は sleep《スリープ》 の ing《アィエンヂー》 形《けい》

scene **85** コナンを新一《しんいち》の家《いえ》に連《つ》れてきた蘭《らん》は!?

□ wind [ウィンド]

名 風《かぜ》

ア ストゥローング ウィンド
a strong wind
強《つよ》い風《かぜ》

あなたの家《いえ》に…
ヒュオオオオ

□ leaves

[リーヴズ]

名 leaf《リーフ》 (葉《は》)の複数形《ふくすうけい》

□ take [テイク]

動 (人《ひと》を)連《つ》れて行《い》く

アイル テイク ユー トゥー ザ ハウス
I'll take you to the house.
私《わたし》はあなたを家《いえ》に連《つ》れて行《い》きます。

90ページの答《こた》え ✕ ㋐excited《イクサイティド》 興奮《こうふん》した ○ ㋑hungry《ハングリィ》 空腹《くうふく》の ✕ ㋒interested《インタラスティド》 興味《きょうみ》をもった

scene 86 母親《ははおや》の前《まえ》に引《ひ》きずり出《だ》されたコナンは!?

□ mother [マザァ]

名 母《はは》、母親《ははおや》

✲ 「父《ちち》」は father《ファーザァ》

あなたを産《う》んだお母《かあ》さんに!!
え?

□ son [サン]

名 息子《むすこ》

✲ 「むすめ」は daughter《ドータァ》

Does《ダズ》 she《シィ》 have《ハヴ》 a《ア》 son《サン》?
かのじょには息子《むすこ》がいますか?

□ lift [リフト]

動 (〜を) 持《も》ち上《あ》げる

Ran《ラン》 is《イズ》 lifting《リフティング》 Conan《コナン》.
蘭《らん》はコナンを持《も》ち上《あ》げています。

✲ lifting《リフティング》 は lift《リフト》 の ing《アイエンヂー》 形《けい》

scene **87** いつの間《ま》にか母親《ははおや》に連《つ》れ出《だ》された!?

へ?

え? え? 何《なん》だ、ここ!?
あら、起《お》きちゃった新《しん》ちゃん…

□ head ［ヘッド］

名 頭《あたま》

□ glove ［グラヴ］

名 手《て》ぶくろ

Yukiko《ユキコ》 is《イズ》 wearing《ウェ(ア)リング》 gloves《グラヴズ》.
有希子《ゆきこ》は手《て》ぶくろをしています。

✲ wearing《ウェ(ア)リング》は wear《ウェア》の ing《アイエンヂー》 形《けい》
✲ ふつうは両手《りょうて》で使《つか》うので gloves《グラヴズ》と複数形《ふくすうけい》にする

□ motorcycle ［モウタァサイクル］

名 オートバイ

scene 88 問題《もんだい》の男《おとこ》の人《ひと》は写真《しゃしん》に写《うつ》っている？

□ baseball player

［ベイスボール プレイァ］

名 野球選手《やきゅうせんしゅ》

もしかして、コレその人《ひと》じゃなーい？
ホラ、母《かあ》さん達《たち》も写《うつ》ってるし…
え？
あ、この人《ひと》よ!! 真《ま》ん中《なか》に写《うつ》ってる人《ひと》！ 義房《よしふさ》おじさんにまちがいないわ!!
しかし、若《わか》すぎてあまり参考《さんこう》にはならんな…
おまけに、帽子《ぼうし》かぶってるしー…
豊白町

□ photograph

［フォウタグラフ］

名 写真《しゃしん》

＊ photo《フォウトウ》ともいう

□ fat

［ファット］

形 太《ふと》った

a fat man《アファットマン》
太《ふと》った男《おとこ》の人《ひと》

scene 89 年賀状《ねんがじょう》に書《か》かれた文字《もじ》と比《くら》べるコナン！

□ notebook ［ノウトブック］

名 ノート、手帳《てちょう》

✲ notebook《ノウトブック》ではなく note《ノウト》とすると「覚《おぼ》え書《が》き、メモ」の意味《いみ》になる

その写真《しゃしん》といっしょにこのハガキも見《み》つけたんだ！ブラジルにいた頃《ころ》に義房《よしふさ》おじさんがここに送《おく》った年賀状《ねんがじょう》をね！
ホラ、さっき書《か》いてもらった字《じ》とまったく同《おな》じでしょ？

□ letter ［レタァ］

名 文字《もじ》

✲ letter《レタァ》には「手紙《てがみ》」という意味《いみ》もある

□ postcard ［ポウストカード］

名 はがき

a《ア》 picture《ピクチャァ》 postcard《ポウストカード》
絵《え》はがき

scene **90** 今日《きょう》の夕食《ゆうしょく》はおなべ！

□ mushroom ［マッシュルーム］

名 (食用《しょくよう》の) きのこ

グツ
グツ
グツ

ゴメンね——
泊《と》めてもらう上《うえ》にこんなにごちそうになって…
いいのよ！
ナベ物《もの》は大勢《おおぜい》で食《た》べた方《ほう》が楽《たの》しいし…
よくいうよ
着替《きが》え持《も》って来《き》たくせに…
最初《さいしょ》から泊《と》まる気《き》だったんじゃねーか…

□ vegetable

［ヴェヂタブル］

名 野菜《やさい》

□ cook ［クック］

動 (熱《ねつ》を加《くわ》えて) (～を) 料理《りょうり》する

She《シィ》 is《イズ》 cooking《クッキング》 vegetables《ヴェヂタブルズ》.
かのじょは野菜《やさい》を料理《りょうり》しています。

✲ cooking《クッキング》 は cook《クック》 の ing《アィエンヂー》 形《けい》

scene 91 小学校《しょうがっこう》の先生《せんせい》たちが集《あつ》まって!?

□ **smile** ［スマイル］

動 **ほほえむ**

He《ヒー》 is《イズ》 smiling《スマイリング》.
かれはほほえんでいます。

✲ smiling《スマイリング》 は smile《スマイル》 の ing《アイエンヂー》 形《けい》

□ **teacher**

［ティーチャァ］

名 **先生《せんせい》、教師《きょうし》**

現在《げんざい》五年一組《ごねんいちくみ》を受《う》け持《も》ってる下田先生《しもだせんせい》と…
や、やあ…
下田耕平《しもだこうへい》(30)
杯戸小学校教師《はいどしょうがっこうきょうし》

男子体育《だんしたいいく》を担当《たんとう》している坂井先生《さかいせんせい》よ!
よ、よろしく…
坂井隆一《さかいりゅういち》(29)
杯戸小学校体育教師《はいどしょうがっこうたいいくきょうし》

□ **P.E.**

［ピーイー］

名 **体育《たいいく》**

a《ア》 P.E.《ピーイー》 teacher《ティーチャァ》
体育《たいいく》の先生《せんせい》

scene 92 別《べっ》そうの中《なか》は、とても快適《かいてき》！

□ ceiling ［スィーリング］

名 天《てん》じょう

a《ア》 high《ハイ》 ceiling《スィーリング》
高《たか》い天《てん》じょう

来《き》て よかったね 蘭《らん》!!
でも この吹雪《ふぶき》じゃ、帰《かえ》れそうに ないね…

水《みず》もちゃんと 出《で》るし…
ヒーターも 生《い》きてるし…
ブオオオ
おい見《み》ろよ！ 暖炉《だんろ》まで あるぜ!!
ピル

□ fireplace

［ファイァプレイス］

名 暖《だん》ろ

□ air conditioner

［エァ カンディショナァ］

名 エアコン

Turn《ターン》 on《アン》 the《ズィ》 air《エァ》 conditioner《カンディショナァ》.
エアコンをつけてください。

scene **93** 何《なに》がにえているのかな？

□ steam ［スティーム］

名 湯気《ゆげ》、蒸気《じょうき》

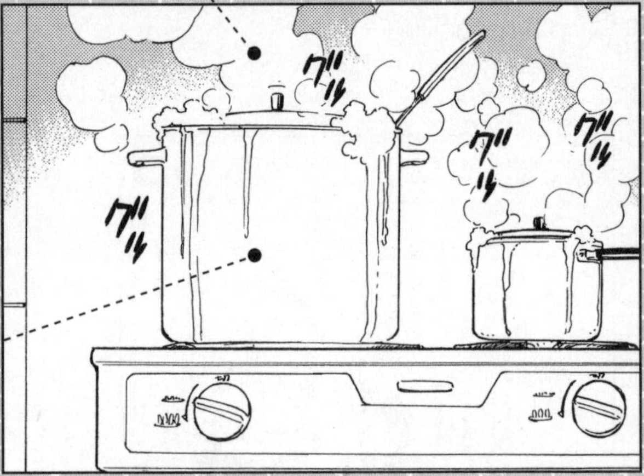
グツ
グツ
グツ
グツ

□ pot ［パット］

名 (深《ふか》い)なべ

＊ 浅《あさ》い平《ひら》なべはpan《パン》

あれ？
いないね
中村先生《なかむらせんせい》…

□ kitchen ［キッチン］

名 台所《だいどころ》、キッチン

a《ア》 clean《クリーン》 kitchen《キッチン》
きれいな台所《だいどころ》

scene **94** なぜ足《あし》がぬれているのか！？

□ tall ［トール］

形 高《たか》い、背《せ》が高《たか》い

a《ア》 tall《トール》 person《パースン》
背《せ》が高《たか》い人《ひと》

この人《ひと》…
足《あし》がぬれてる…

□ wet ［ウェット］

形 ぬれた

wet《ウェット》 pants《パンツ》
ぬれたズボン

□ hoody

［フディ］

名 フード付《つ》きの服《ふく》

scene 95 急《きゅう》な来客《らいきゃく》だけど、夕食《ゆうしょく》を用意《ようい》！

□ curry and rice

［カーリィ アンド ライス］

名 カレーライス

□ salad ［サラッド］

名 サラダ

I《アィ》 can《キャン》 make《メイク》 a《ア》 salad《サラッド》.
私《わたし》はサラダを作《つく》れます。

フフフ…
すみません ねェー…

あたしの分《ぶん》まで用意《ようい》してもらって…
いえいえ…
どーせ一人分《ひとりぶん》余《あま》ってましたから…

□ soup ［スープ］

名 スープ

I《アィ》 sometimes《サムタイムズ》 eat《イート》 soup《スープ》.
私《わたし》は時々《ときどき》スープを飲《の》みます。

＊ スプーンで飲《の》むときは eat《イート》 soup《スープ》、
カップから直接《ちょくせつ》飲《の》むときは drink《ドゥリンク》 soup《スープ》 という

scene **96** こんなにおびえているのはなぜ？

オレは誰《だれ》かに…
殺《ころ》される…
ガタ
ガタ
ガタ

こ、殺《ころ》される…
殺《ころ》される…

☐ **afraid** ［アフ**レ**イド］

形 こわがって、おそれて

Don't《ドウント》 be《ビー》 afraid《アフレイド》.
こわがらないで。

☐ **bed** ［**ベ**ッド］

名 ベッド、ねどこ

☐ **bedroom**
［**ベ**ッドルーム］

名 しん室《しつ》

scene 97 運《うん》悪《わる》く少《しょう》年《ねん》探《たん》偵《てい》団《だん》にごちそうするはめに…

□ chicken ［チキン］

名 鳥《とり》肉《にく》、チキン

Genta《ゲンタ》 is《イズ》 eating《イーティング》 chicken《チキン》.
元《げん》太《た》はチキンを食《た》べています。

✲ eating《イーティング》 は eat《イート》 の ing《アィエンヂー》 形《けい》

——ったく 高《たか》い物《もの》ばっか 注文《ちゅうもん》してー…
ガツ
ガツ

□ beefsteak

［ビーフステイク］

名 ビーフステーキ

✲ steak《ステイク》 だけでも
「ビーフステーキ」の意《い》味《み》になる

□ spaghetti ［スパゲティ］

名 スパゲッティ

scene 98 この男《おとこ》が犯《はん》人《にん》なのか!?

□ bandage

[バンディッヂ]

名 包《ほう》帯《たい》

□ bite [バイト]

動 (~を)かむ

Don't《ドウント》 bite《バイト》 your《ユア》 nails《ネイルズ》.
つめをかまないで。

□ blade [ブレイド]

名 (ナイフなどの)は

scene **99** コナンがちゅうぼうで聞《き》きこみ中《ちゅう》!

□ # boil［ボイル］

動 **わく、にえ立《た》つ**

The《ザ》 pot《パット》 is《イズ》 boiling《ボイリング》.
なべの湯《ゆ》がわいています。

✲ boiling《ボイリング》は boil《ボイル》の ing《アィエンヂー》形《けい》

長門家厨房《ながとけちゅうぼう》
最近《さいきん》の秀臣《ひでおみ》さんの変《か》わったところ?

うん なんでもいいよ! 何《なに》か思《おも》い詰《つ》めてたとか…
さあ…普段《ふだん》から無口《むくち》な方《かた》だったし…
あまり部屋《へや》から出《で》られないんで、滅多《めった》に我々《われわれ》と顔《かお》を合《あ》わせないし…

□ # cook［クック］

名 **コック、調理師《ちょうりし》**

□ # stove［ストウヴ］

名 **(料理用《りょうりよう》の)こんろ、レンジ**

scene **100** 授業中《じゅぎょうちゅう》に事件《じけん》の情報《じょうほう》が！？

□ **blackboard** ［ブ**ラ**ックボード］

名 黒板《こくばん》

□ **classroom** ［ク**ラ**スルーム］

名 教室《きょうしつ》

ああ…マジだぜマジ！
もう学校中《がっこうじゅう》のウワサになってますよ…

□ **textbook** ［**テ**クストゥブック］

名 教科書《きょうかしょ》

Open《オウプン》 your《ユア》 textbook《テクストゥブック》.
教科書《きょうかしょ》を開《ひら》きなさい。

できるかな？

コナンたちはどこにいる？

㋐ restaurant《レスタラント》　㋑ classroom《クラスルーム》　㋒ bookstore《ブックストァ》

〈答《こた》えは2ページ後《あと》に〉

101 夜《よる》の学校《がっこう》を調査中《ちょうさちゅう》！

□ arts and crafts room

［アーツ アンド クラフツ ルーム］

名 図工室《ずこうしつ》、美術室《びじゅつしつ》

――美術室《びじゅつしつ》――
うへ―― 真《ま》っ暗《くら》だ…
ガラッ

電《でん》気《き》電《でん》気《き》…
よせ！今夜《こんや》もすでに誰《だれ》かがこの校舎《こうしゃ》に来《き》てるかもしれね――んだぞ!!
明《あか》りつけたらオレ達《たち》の事《こと》がバレちまう！

□ cloth ［クロース］

名 布《ぬの》

a《ア》 piece《ピース》 of《オヴ》 cloth《クロース》
布《ぬの》1枚《まい》

□ switch ［スウィッチ］

名 スイッチ

scene **102** 大《おお》きなダンボール箱《ばこ》に入《はい》っていたのは？

□ **box**
［バックス］
名 **箱《はこ》**
＊ ふつうふた付《つ》きで四角《しかく》い物《もの》を指《さ》す

□ **knee**
［ニー］
名 **ひざ**

□ **doll** ［ダール］
名 **人形《にんぎょう》**

many《メニィ》 dolls《ダールズ》
たくさんの人形《にんぎょう》

107ページの答《こた》え ✕ ㋐restaurant《レスタラント》 レストラン ○ ㋑classroom《クラスルーム》 教室《きょうしつ》 ✕ ㋒bookstore《ブックストァ》 書店《しょてん》

ここまでは理解《りかい》できたかな？　おさらいクイズで確認《かくにん》してみよう！

毛《もう》利《り》探《たん》偵《てい》事《じ》務《む》所《しょ》にもぐりこんだコナン。さて…!?

まんがを読《よ》んで、
右《みぎ》ページのクイズに
ちょう戦《せん》しよう。

〈答《こた》えは117ページに〉

ジリリリ…
毛利探偵事務所
ふあぁ
あぁ…
A
オレの体《からだ》が
小《ちい》さくなってから、
もう三日目《みっかめ》…
黒《くろ》ずくめの
男《おとこ》の情報《じょうほう》は、
未《いま》だに入《はい》って
来《こ》ない…
―ったく、
それが目的《もくてき》で
探偵事務所《ここ》に
潜《もぐ》り込《こ》んだのに…
B
当《とう》の探偵《たんてい》が
あれじゃー…
ギィ
クックックッ…

Q 1

A のような様子《ようす》をsleepy《スリーピィ》というよ。
日本語《にほんご》でいうと何《なに》？

❶ 暑《あつ》い ❷ つかれた ❸ ねむい

Q 2

コナンのふとんのわきにあるものは何《なに》？

❶ clock《クラック》 ❷ computer《カンピュータァ》
❸ camera《キャマラ》

「置《お》き時計《どけい》」を英語《えいご》でいうと何《なに》かな？

Q 3

コナンの横《よこ》にベッドがあるね。「ベッド」を
英語《えいご》で書《か》くとき、□に入《はい》るアルファベットは何《なに》？

b□d

❶ o ❷ e ❸ y

Q 4

B でコナンはドアを開《あ》けているよ。
「～を開《あ》ける」は次《つぎ》のうちのどれ？

❶ open《オウプン》 ❷ close《クロウズ》 ❸ put《プット》

犯人《はんにん》はだれ!?
自信満々《じしんまんまん》の小五郎《こごろう》だけど!?

まんがを読《よ》んで、
右《みぎ》ページのクイズに
ちょう戦《せん》しよう。

〈答《こた》えは117ページに〉

犯人《はん》《にん》は…
マネージャーの山岸《やまぎし》、
きさまだ!!!
!?
おまえは、この男《おとこ》がヨーコさんに付《つ》きまとうのが邪魔《じゃま》だった…
なんたって、ヨーコさんの高校時代《こうこうじだい》の恋人《こいびと》だ!
マスコミに知《し》れたらスキャンダルになる…

B

A

Q 1

女《おんな》の人《ひと》たちは2人《ふたり》ともコートを着《き》ているね。
「コート」を英語《えいご》で書《か》くとき、
□に入《はい》るアルファベットは？

co□t

❶ p ❷ j ❸ a

Q 2

A で小五郎《こごろう》は男《おとこ》の人《ひと》を指差《ゆびさ》しているよ。
「指《ゆび》を差《さ》す」は次《つぎ》のうちのどれ？

❶ point《ポイント》 ❷ cook《クック》 ❸ write《ライト》

Q 3

B のような様子《ようす》をsurprised《サァプライズド》というよ。
日本語《にほんご》でいうと何《なに》？

❶ あせった ❷ おどろいた ❸ 悲《かな》しんだ

Q 4

コナンが顔《かお》に「かけている」
ものは何《なに》？

❶ mask《マスク》 ❷ glasses《グラスィズ》
❸ cap《キャップ》

コナンのトレードマークだよ。

新一《しんいち》のことを思《おも》う蘭《らん》。思《おも》わず…!?

まんがを読《よ》んで、
右《みぎ》ページのクイズに
ちょう戦《せん》しよう。

〈答《こた》えは117ページに〉

ポタ
へ？
ポタ
でも、わたしはダメね…彼女《かのじょ》みたいに強《つよ》くなれない…
蘭《らん》ねえちゃん…？
新一《しんいち》がいなくなったぐらいで、
夜《よる》も眠《ねむ》れないんだもん…
ホントにダメね…
う、うん…
ホントに…

Q 1

蘭《らん》のなみだは、
コナンのどこに落《お》ちてきた？

❶ hand《ハンド》	❷ mouth《マウス》	❸ room《ルーム》

Q 2

蘭《らん》とコナンは手《て》をつないで歩《ある》いているよ。
「歩《ある》く」は次《つぎ》のうちのどれ？

❶ eat《イート》	❷ walk《ウォーク》	❸ sleep《スリープ》

Q 3

蘭《らん》は新一《しんいち》に会《あ》えなくて悲《かな》しそう。
「悲《かな》しい」を英語《えいご》で書《か》くとき、□に入《はい》る
アルファベットは何《なに》？

s□d

❶ t	❷ a	❸ s

Q 4

今《いま》、降《ふ》っているものを snow《スノゥ》というよ。
日本語《にほんご》でいうと何《なに》？

❶ 雪《ゆき》	❷ 雨《あめ》	❸ ひょう

空《そら》から
ふわふわと落《お》ちて
きているね。

美人《びじん》マネージャーにつっかかるこの男《おとこ》は⁉

まんがを読《よ》んで、右《みぎ》ページのクイズにちょう戦《せん》しよう。

〈答《こた》えは117ページに〉

中学《ちゅうがく》の時《とき》までサンタを信《しん》じてたっていう、あんたにはお似合《にあ》いの曲《きょく》だ…
そうだろ? いつも気取《きど》ってる美人《びじん》マネージャーさんよ〜〜
……
あ、あのヤロォ…
わかったわよ…歌《うた》えばいいんでしょ?
フン…
……
じゃあな達也《たつや》…
さいなら—…
バタン
……
真赤《まっか》なお鼻《はな》の——トナカイさんは——♬
いつーもみんなのー笑《わら》い者《もの》——♬
わー きれいな声《こえ》…
くそお…
こいつどーいうつもりなんだー?
ツカ ツカ

A

Q 1

カラオケで女性《じょせい》が歌《うた》っているよ。
「歌《うた》う」は次《つぎ》のうちのどれ?

❶ run《ラン》 ❷ go《ゴゥ》 ❸ sing《スィング》

Q 2

A でお皿《さら》の上《うえ》にのっている
食《た》べ物《もの》は何《なに》?

❶ pizza《ピーツァ》 ❷ spaghetti《スパゲティ》
❸ beefsteak《ビーフステイク》

ふつう、
手《て》でつまんで
食《た》べる物《もの》だよ。

Q 3

コナンは男性《だんせい》に対《たい》しておこっているよ。
「おこった」を英語《えいご》で書《か》くとき、
□に入《はい》るアルファベットは何《なに》?

an□ry

❶ g ❷ t ❸ i

scene 1→102 ★ クイズでチェック!の答《こた》え

その1	Q1 ❸	Q2 ❶	Q3 ❷	Q4 ❶
その2	Q1 ❸	Q2 ❶	Q3 ❷	Q4 ❷
その3	Q1 ❶	Q2 ❷	Q3 ❷	Q4 ❶
その4	Q1 ❸	Q2 ❶	Q3 ❶	

scene **103** 新一《しんいち》らしき人《ひと》を見《み》かけた蘭《らん》は!?

□ call [コール]

動 (声《こえ》を出《だ》して) (名前《なまえ》などを) 呼《よ》ぶ

Ran《ラン》 is《イズ》 calling《コーリング》 his《ヒズ》 name《ネイム》.
蘭《らん》はかれの名前《なまえ》を呼《よ》んでいます。

＊ calling《コーリング》は call《コール》の ing《アィエンヂー》形《けい》

□ red [レッド]

形 赤《あか》い

名 赤《あか》

新一《しんいち》!!
ちょっと信号《しんごう》赤《あか》よ!!
ダッ
でも今《いま》そこに新一《しんいち》が!新一《しんいち》が!!
え?
ブォォ..

□ umbrella [アンブレラ]

名 かさ

Open《オウプン》 your《ユア》 umbrella《アンブレラ》.
かさをさしなさい。

できるかな?

今《いま》、信号《しんごう》の色《いろ》は?

㋐ red《レッド》 ㋑ yellow《イェロウ》 ㋒ green《グリーン》

〈答《こた》えは2ページ後《あと》に〉

scene **104** 怪盗《かいとう》キッドが来《く》るのを待《ま》つコナンだが!?

□ moon ［ムーン］

名 (天体《てんたい》の) 月《つき》

✲ ふつう the《ザ》をつけて the moon《ザ ムーン》とする

現在《げんざい》0時《じ》28分《ぷん》…後《あと》は奴《やつ》が来《く》るのをここで待《ま》つだけ…
ピリリ…
ピリリ…
コト…

お、博士《はかせ》か?
おお新一君《しんいちくん》!君《きみ》の父《とう》さんのファイルと、最近《さいきん》の新聞《しんぶん》を照《て》らし合《あ》わせたが、怪盗《かいとう》1412号《ごう》はかなり謎《なぞ》に包《つつ》まれた人物《じんぶつ》じゃよ…

□ watch ［ワッチ］

名 うで時《ど》計《けい》

✲「かけ時計《どけい》」「置《お》き時計《どけい》」は clock《クラック》

□ put ［プット］

動 (〜を) 置《お》く

Conan《コナン》 is《イズ》 putting《プティング》 a《ア》 can《キャン》 on《アン》 the《ザ》 roof《ルーフ》.

コナンが屋上《おくじょう》にかんを置《お》いています。

✲ putting《プティング》は put《プット》の ing《アイエンテー》形《けい》

scene

105 鈴《すず》木《き》財《ざい》ばつのパーティーがいよいよ開始《かいし》！

□ party ［パーティ］

名 パーティー

Let's《レッツ》 have《ハヴ》 a《ア》 party《パーティ》 tomorrow《トゥマーロゥ》.
明日《あした》パーティーを開《ひら》こう。

我《わ》が鈴木《すずき》財閥《ざいばつ》も今年《ことし》で早《は》や60周年《しゅうねん》…
これもひとえに、皆様《みなさま》のお力添《ちからぞ》えの賜物《たまもの》でございます…
財閥60周年記念
上パーティ

□ speech ［スピーチ］

名 スピーチ、演説《えんぜつ》

The《ザ》 man《マン》 is《イズ》 making《メイキング》 a《ア》 speech《スピーチ》.
その男《おとこ》の人《ひと》はスピーチをしています。

✲ making《メイキング》は make《メイク》の ing《アィエンヂー》形《けい》

□ guest

［ゲスト］

名 (招《まね》かれた)客《きゃく》

118ページの答《こた》え ○ ㋐red《レッド》 赤《あか》 ✕ ㋑yellow《イェロゥ》 黄色《きいろ》 ✕ ㋒green《グリーン》 緑《みどり》

蘭《らん》に変装《へんそう》した怪盗《かいとう》キッドを追《お》いつめる！

□ police officer ［パリース オーフィサァ］

名 警官《けいかん》

□ dress

［ドゥレス］

名 ドレス

あの時《とき》お前《まえ》が警察《けいさつ》を呼《よ》んだのは、オレへの当《あ》てつけじゃない…
あの閃光《せんこう》の中《なか》で素早《すばや》く警官《けいかん》に扮《ふん》し、彼《かれ》らの中《なか》に紛《まぎ》れ姿《すがた》を隠《かく》すためだ！ハンググライダーで今《いま》にも飛《と》ぶかのように見《み》せかけてな!!

それに、この場《ば》に人《ひと》を呼《よ》ぶなんてヤボなマネは無《な》しだぜ？
こっちはこの警戒《けいかい》の中《なか》、たった一人《ひとり》で乗《の》り込《こ》んで来《き》た犯罪《はんざい》の芸術家《げいじゅつか》に敬意《けいい》を表《ひょう》して、一対一《サシ》の勝負《しょうぶ》を仕掛《しか》けてやってんだからよ…

□ shoes ［シューズ］

名 くつ

✲ 片方《かたほう》のくつならshoe《シュー》

Conan《コナン》 is《イズ》 wearing《ウェ(ア)リング》 special《スペシャル》 shoes《シューズ》.

コナンは特別《とくべつ》なくつをはいています。

✲ wearing《ウェ(ア)リング》 は wear《ウェア》 の ing《アイエンヂー》 形《けい》

できるかな？

蘭《らん》に変装《へんそう》したキッドが着《き》ているものは？

㋐ T-shirt《ティーシャート》 ㋑ sweater《スウェタァ》 ㋒ dress《ドゥレス》

〈 答《こた》えは２ページ後《あと》に 〉

scene **107** なんだかごきげんなようだけど!?

□ corn ［コーン］

名 とうもろこし

ジュ〜ッ

□ meat ［ミート］

名 (食用《しょくよう》の) 肉《にく》

fresh《フレッシュ》 meat《ミート》
新《しん》せんな肉《にく》

お酒《さけ》足《た》んなーい!!
じゃんじゃん持《も》って来《き》てー!!

□ enjoy ［インヂョィ］

動 (〜を) 楽《たの》しむ

Enjoy《インヂョィ》 your《ユア》 meal《ミール》.
食事《しょくじ》を楽《たの》しんでください。

scene **108** 海《うみ》辺《べ》で休日《きゅうじつ》を楽《たの》しむ小《こ》五《ご》郎《ろう》♫

□ beer ［ビァ］

名 ビール

a《ア》 glass《グラス》 of《アヴ》 beer《ビア》
ビール１ぱい

ホー……

□ ice

［アイス］

名 氷《こおり》

皆《みな》さん大学《だいがく》のスキューバダイビングのサークル仲間《なかま》ですか…
ええ…今日《きょう》も昼前《ひるまえ》にみんなで一本《いっぽん》潜《もぐ》ってきました！

□ young ［ヤング］

形 若《わか》い

a《ア》 young《ヤング》 woman《ウマン》
若《わか》い女《おんな》の人《ひと》

121ページの答《こた》え ✕ ㋐T-shirt《ティーシャート》 T《ティー》シャツ ✕ ㋑sweater《スウェタァ》 セーター ○ ㋒dress《ドゥレス》 ドレス

お見《み》まいに来《き》た少年探偵団《しょうねんたんていだん》が、口々《くちぐち》に！？

―米花総合病院《べいかそうごうびょういん》―
だっせーな――…
米花総合病院

階段《かいだん》からおちて骨折《ほねお》っちまうなんてよー…
しかも原因《げんいん》は沖野《おきの》ヨーコのコンサート…
ダメだよ、寝《ね》ぼうしたからって慌《あわ》てて階段《かいだん》降《お》りちゃ…
うるせーな――…

□ toe ［トウ］

名 足《あし》の指《ゆび》、つま先《さき》

✲「手《て》の指《ゆび》」は finger《フィンガァ》

□ hospital

［ハスピトゥル］

名 病院《びょういん》

Kogoro《コゴロウ》 went《ウェント》 to《トゥー》 the《ザ》 hospital《ハスピトゥル》.
小五郎《こごろう》は入院《にゅういん》しました。

□ foot ［フット］

名 足《あし》

✲ 複数形《ふくすうけい》（2本以上《ほんいじょう》）は feet《フィート》

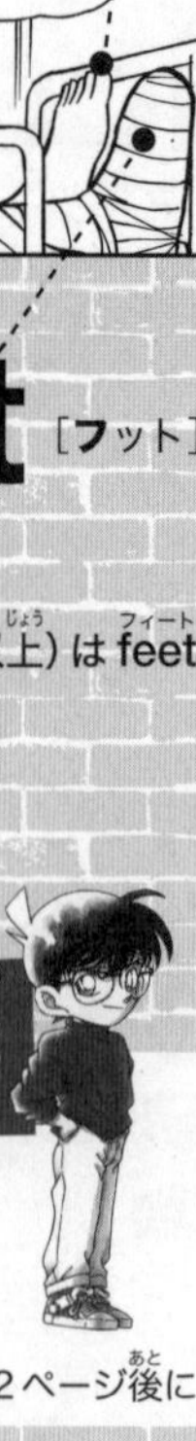

できるかな？

包帯《ほうたい》が巻《ま》かれているのは小五郎《こごろう》のどこ？

㋐ foot《フット》　㋑ hand《ハンド》　㋒ head《ヘッド》

〈答《こた》えは2ページ後《あと》に〉

scene **110** あやしい女《おんな》の人《ひと》が電話中《でんわちゅう》！

□ **department store**

［ディ**パ**ートゥマント ストァ］

名 **デパート**

ピリリ…
ピリリ…
ピル
何《なに》？どーしたの？
娘《むすめ》？
あの子《こ》なら元気《げんき》にはしゃいでるわよ！
声《こえ》でも聞《き》かせてあげる？
グォン
グォン
べいかデパート

□ **pig**

［**ピ**ッグ］

名 **ぶた**

＊「ぶた肉《にく》」は pork《ポーク》

□ **sunglasses**

［**サ**ングラスィズ］

名 **サングラス**

a《ア》 pair《ペア》 of《アヴ》 sunglasses《サングラースィズ》
サングラス１つ

scene **111** かわいい室内《しつない》にはしゃぐ蘭《らん》！

□ cute ［キュート］

形 **かわいらしい、かわいい**

a《ア》 cute《キュート》 animal《アニマル》
かわいい動物《どうぶつ》

□ plate ［プレイト］

名 **（丸《まる》くて浅《あさ》い）皿《さら》**

✲「深《ふか》い皿《さら》」は dish《ディッシュ》

かわい──っ♡
わぁ──っ!!
家具《かぐ》や食器《しょっき》のほとんどに動物《どうぶつ》がついてる!!
死《し》んだ祖父《そふ》は無類《むるい》の動物《どうぶつ》好《ず》きだったんですよ…

□ rabbit ［ラビット］

名 **うさぎ**

124ページの答《こた》え ○ ㋐foot《フット》 足《あし》 ✕ ㋑hand《ハンド》 手《て》 ✕ ㋒head《ヘッド》 頭《あたま》

scene 112 とつ然《ぜん》、時計《とけい》が鳴《な》り出《だ》した!!

□ **alarm** [アラーム]

名 警報《けいほう》

a《ア》 fire《ファイア》 alarm《アラーム》
火災警報《かさいけいほう》

□ **monkey** [マンキィ]

名 さる

□ **sink** [スィンク]

名 (台所《だいどころ》の) 流《なが》し

113 小五郎《こごろう》が推理《すいり》をしてみるけど!?

□ think ［スィンク］

動 考《かんが》える

Kogoro《コゴロウ》 is《イズ》 thinking《スィンキング》.
小五郎《こごろう》は考《かんが》えています。

✲ thinking《スィンキング》は think《スィンク》の ing《アィエンヂー》形《けい》

「110《イチイチゼロ》」…「110《イチイチゼロ》」…
「11《イチイチ》」…

そうかシマだ!!
「11《イチイチ》」っていうのはシマ模様《もよう》を暗示《あんじ》してたんだよ!!
え?
だから家中《いえじゅう》のシマ馬《うま》をすべて調《しら》べればきっと何《なに》かが…

□ zebra ［ズィーブラ］

名 しま馬《うま》

でも、それなら11時《じ》11分《ぶん》にするんじゃないんですか?
それにシマ模様《もよう》なら虎《とら》にも入《はい》ってますし…

□ tiger ［タイガァ］

名 とら

scene **114** そうじなんて、する必要《ひつよう》なくない!?

なーーんでこの園子様《そのこさま》が、新一君家《しんいちくんち》の掃除《そうじ》しなきゃいけないのよ!!
放《ほう》っときゃいいのに、博士《はかせ》に合《あ》い鍵《かぎ》借《か》りちゃってー…
ゴメンねー…ずいぶんホコリたまってそうだったし…一人《ひとり》じゃ大変《たいへん》だと思《おも》ったから…

あ、園子《そのこ》…床《ゆか》の前《まえ》に本棚《ほんだな》のホコリはたいて!
え?
ホラ、掃除《そうじ》は上《うえ》からっていうでしょ?

□ clean [クリーン]

動 そうじする

They《ゼィ》 are《アー》 cleaning《クリーニング》 the《ザ》 room《ルーム》.
かれらは部屋《へや》をそうじしています。

✲ cleaning《クリーニング》は clean《クリーン》の ing《アィエンヂー》形《けい》

□ broom

[ブルーム]

名 ほうき

□ bucket [バキット]

名 バケツ

scene **115** 新一《しんいち》の初《はつ》こいの相手《あいて》って、だれ？

□ beautiful ［ビュータフル］

形 美《うつく》しい、きれいな

a《ア》 beautiful《ビュータフル》 woman《ウマン》
美《うつく》しい女《おんな》の人《ひと》

してるよねぇ？新一《しんいち》だって恋《こい》の一《ひと》つや二《ふた》つ…
どうだか…あの男《おとこ》、その方面《ほうめん》は超《ちょ》ニブでタンパクだからね――…
まーせいぜいあの美人《びじん》の母上《ははうえ》か…
TV《テレビ》のアイドルか…
もしくは…
チラ
そーいえば子供《こども》の頃《ころ》から、蘭《らん》ってアヤツといつもいっしょにいたわよねえ？
う、うん…
その上《うえ》気《き》はやさしくて力持《ちからも》ち…

□ pocket ［パケット］

名 ポケット

□ dust ［ダスト］

名 ほこり

scene **116** 焼《や》け残《のこ》ったメッセージがどうも不自然《ふしぜん》で！？

□ **firefighter** ［**ファ**イァファイタァ］

名 消防士《しょうぼうし》

□ **give** ［**ギ**ヴ］

動 （～を）あたえる、あげる

I《アィ》 will《ウィル》 give《ギヴ》 you《ユー》 a《ア》 present《プレズント》.
あなたにプレゼントをあげましょう。

ホラ！その子《こ》への誕生《たんじょう》メッセージだろ？
病院《びょういん》に持《も》ってってやりな！

あれ？
誕生日
おめでとう
これからの君の

□ **message** ［**メ**スィッヂ］

名 伝言《でんごん》、メッセージ

できるかな？

コナンに紙《かみ》を手《て》わたしているのはだれ？

㋐ firefighter《ファイァファイタァ》　㋑ teacher《ティーチャァ》　㋒ cook《クック》

〈答《こた》えは２ページ後《あと》に〉

scene **117** 今《いま》さら1年生《ねんせい》の算数《さんすう》なんて〜

□ **pencil**

[ペンサル]

名 **えん筆《ぴつ》**

□ **math**

[マス]

名 **数学《すうがく》、算数《さんすう》**

Conan《コナン》 is《イズ》 studying《スタディイング》 math《マス》.
コナンは算数《さんすう》を勉強《べんきょう》しています。

✲ studying《スタディング》は
study《スタディ》の ing《アイエンヂー》形《けい》

□ **desk**

[デスク]

名 **机《つくえ》**

コナンが勉強《べんきょう》している科目《かもく》は？

ア English《イングリッシュ》 イ science《サイアンス》 ウ math《マス》

〈答《こた》えは2ページ後《あと》に〉

scene **118** 女《おんな》は、窓《まど》が割《わ》れてぼう然《ぜん》としていた…

□ shocked

［シャックト］

形 **ショックを受《う》けた**

The《ザ》 woman《ウマン》 was《ワズ》 shocked《シャックト》.
女《おんな》の人《ひと》はショックを受《う》けました。

その20分後《ぷんご》目暮警部《めぐれけいぶ》が到着《とうちゃく》し…

□ necklace

［ネックリス］

名 **ネックレス**

奴《やつ》らは全員《ぜんいん》拘束《こうそく》され…
俊也君《としやくん》のお兄《にい》さんは解放《かいほう》された…

□ arrest

［アレスト］

動 **(人《ひと》を)たいほする**

Mr.《ミスタァ》 Megure《メグレ》 is《イズ》 arresting《アレスティング》 the《ザ》 man《マン》.
目暮《めぐれ》さんは男《おとこ》の人《ひと》をたいほしています。

＊ arresting《アレスティング》 は arrest《アレスト》 の ing《アイエンヂー》 形《けい》

131ページの答《こた》え ○ ㋐ firefighter《ファイアファイタァ》 消防士《しょうぼうし》 ✕ ㋑ teacher《ティーチャァ》 先生《せんせい》 ✕ ㋒ cook《クック》 コック

scene **119** 博士《はかせ》はパソコンが大《だい》好《す》き！

□ scientist ［**サ**イアンティスト］

名 科学者《かがくしゃ》

最近《さいきん》パソコン通信《つうしん》に凝《こ》っておっての― 電話回線《でんわかいせん》がふさがっておったんじゃ！
……

□ computer

［カン**ピュ**ータァ］

名 コンピュータ

I《アィ》 use《ユーズ》 a《ア》 computer《カンピュータァ》.
私《わたし》はコンピュータを使《つか》います。

□ monitor

［**マ**ニタァ］

名（コンピュータの）画面《がめん》

132ページの答《こた》え ✕ ㋐English《イングリッシュ》 英語《えいご》 ✕ ㋑science《サイアンス》 理科《りか》 ○ ㋒math《マス》 算数《さんすう》

scene **120** フランス語《ご》がヒントになって！？

洒落《しゃれ》てフランス語《ご》であおりをつけるのはいいけど…
つづり間違《まちが》えるなよ！
フランス語《ご》…

ユーモアのつづりは「humour」！
コツコツ
s de l'umour fra
「h《エイチ》」が抜《ぬ》けてんだよ!!

□ alphabet

［アルファベット］

名 **アルファベット**

✲ A《エィ》〜Z《ズィー》までの 26 文字《もじ》

□ Eiffel Tower

［アイファル タウァ］

名 **エッフェルとう**

□ French

［フレンチ］

名 **フランス語《ご》、フランス人《じん》**

I《アィ》 don't《ドウント》 speak《スピーク》 French《フレンチ》.
私《わたし》はフランス語《ご》を話《はな》しません。

scene **121** 和葉《かずは》との思《おも》い出《で》を語《かた》る平次《へいじ》！

都合《つごう》悪《わる》ぅて来《こ》られへんかったんや！
ねえ！それより教《おし》えてよ…さっきの「鉄《てつ》のクサリ」の話《はなし》！

□ **chain** [チェイン]

名 くさり

ああ…ガキの頃《ころ》オレん家《ち》の屋根裏部屋《やねうらべや》でオヤジの使《つこ》てた古《ふる》い手錠《てじょう》、オレと和葉《かずは》が見《み》つけてな、
ふざけて刑事《けいじ》の真似事《まねごと》やっとったら、外《はず》れんよーになって…
えらい目《め》におうたっちゅうしょーもない話《はなし》や…

□ **memory**

[メマリィ]

名 記《き》おく

□ **mistake**

[ミステイク]

名 まちがい

I《アイ》 sometimes《サムタイムズ》 make《メイク》 mistakes《ミステイクス》.

私《わたし》は時々《ときどき》まちがえます。

scene **122** 熱《あつ》い試合《しあい》に大興奮《だいこうふん》！

□ **match**

［マッチ］

名 試合《しあい》

□ **exciting**

［イクサイティング］

形 わくわくさせる、興奮《こうふん》させる

an《アン》 exciting《イクサイティング》 match《マッチ》

わくわくさせる試合《しあい》

□ **player**

［プレイァ］

名 選手《せんしゅ》

a《ア》 good《グッド》 player《プレイァ》

よい選手《せんしゅ》

できるかな？

試合《しあい》の様子《ようす》は？

㋐ quiet《クワイアット》　㋑ exciting《イクサイティング》　㋒ dark《ダーク》

〈答《こた》えは2ページ後《あと》に〉

scene **123** ○×△でくじ引《び》きを行《おこな》う！

□ circle

[**サ**ークル]

名 円《えん》

Draw《ドゥロー》 a《ア》 circle《サークル》.
円《えん》をかいてください。

はい！印《しるし》、つけました！
では誰《だれ》かあの紙《かみ》をテーブルに並《なら》べてください…
もちろん名前《なまえ》を下《した》にしたままで…

□ triangle

[トゥ**ラ**イアングル]

名 三《さん》角《かく》形《けい》

□ cross

[ク**ロ**ース]

名 十《じゅう》字《じ》形《がた》、×印《じるし》

scene **124** これらの道具《どうぐ》が何《なに》かの役《やく》に立《た》つ!?

□ office ［オーフィス］

名 事務所《じむしょ》、事務室《じむしつ》

おっ！
あった！あった！
OFFICE

はい！
これで全部《ぜんぶ》そろったね…
ありがとー！

□ stapler

［ステイプラァ］

名 ホチキス

＊「ホチキス」は商品《しょうひん》の名前《なまえ》からきた言葉《ことば》

□ scissors ［スィザァズ］

名 はさみ

a《ア》 pair《ペア》 of《オヴ》 scissors《スィザァズ》
はさみ1丁《ちょう》

できるかな？

男《おとこ》の人《ひと》が手《て》に持《も》っているものは？

㋐ pencil《ペンサル》　㋑ scissors《スィザァズ》　㋒ ruler《ルーラァ》

〈答《こた》えは2ページ後《あと》に〉

137ページの答《こた》え　✕ ㋐ quiet《クワイアット》 静《しず》かな　〇 ㋑ exciting《イクサイティング》 わくわくさせる　✕ ㋒ dark《ダーク》 暗《くら》い

125 夢《ゆめ》の中《なか》ではヨーコとラブラブ♥

□ concert

［**カ**ンサート］

名 コンサート

おー
麗《うるわ》しのヨーコちゃーん♡
あ、毛利《もうり》さん！

□ come

［**カ**ム］

動 (話《はな》し手《て》のところへ) 来《く》る

Come《カム》 here《ヒア》 this《ズィス》 afternoon《アフタァ ヌーン》.

今日《きょう》の午後《ごご》ここに来《き》てください。

やっぱり来《き》てくださったんですね！
当《あ》たり前《まえ》ですよ！
CHU
うれしい♡

いかんなーヨーコちゃんファンの目《め》の前《まえ》で……
ムニャ
ムニャ
そんなうれしい事《こと》しちゃ…
ムニャ
ムニャ

□ dream

［ドゥ**リ**ーム］

名 夢《ゆめ》

scene **126** ごちそうにありつけて、ラッキー！

□ melon ［メラン］

名 メロン

いっただきまーす♡
ハハハ…たまにはいいねぇ、こういうにぎやかなのも…

□ children

［チルドゥラン］

名 child《チャイルド》(子《こ》ども)の複《ふく》数《すう》形《けい》

four《フォー》 children《チルドゥラン》
4人《にん》の子《こ》どもたち

□ grapes

［グレイプス］

名 ぶどう

できるかな？

灰原《はいばら》のいちばん近《ちか》くにある果物《くだもの》は？

㋐ grapes《グレイプス》 ㋑ banana《バナナ》 ㋒ cherry《チェリィ》

〈答《こた》えは2ページ後《あと》に〉

139ページの答《こた》え ✕ ㋐pencil《ペンサル》 えん筆《ぴつ》 ○ ㋑scissors《スィザァズ》 はさみ ✕ ㋒ruler《ルーラァ》 定規《じょうぎ》

scene 127 しっ！ 静《しず》かに！

□ scared

［スケァド］

形 おびえた、こわがった

I'm《アイム》 scared《スケァド》.
こわいよ。

□ hide

［ハイド］

動 かくれる

Let's《レッツ》 hide《ハイド》 behind《ビハインド》 the《ザ》 door《ドア》.
ドアの後《うし》ろにかくれましょう。

□ hole

［ホウル］

名 穴《あな》

scene **128** 飛行機《ひこうき》よいはつらい！

□ button ［バトゥン］

名 **ボタン**

She《シィ》 is《イズ》 pushing《プッシング》 a《ア》 button《バトゥン》.
かのじょはボタンをおしています。

✲ pushing《プッシング》 は push《プッシュ》 の ing《アィエンヂー》 形《けい》

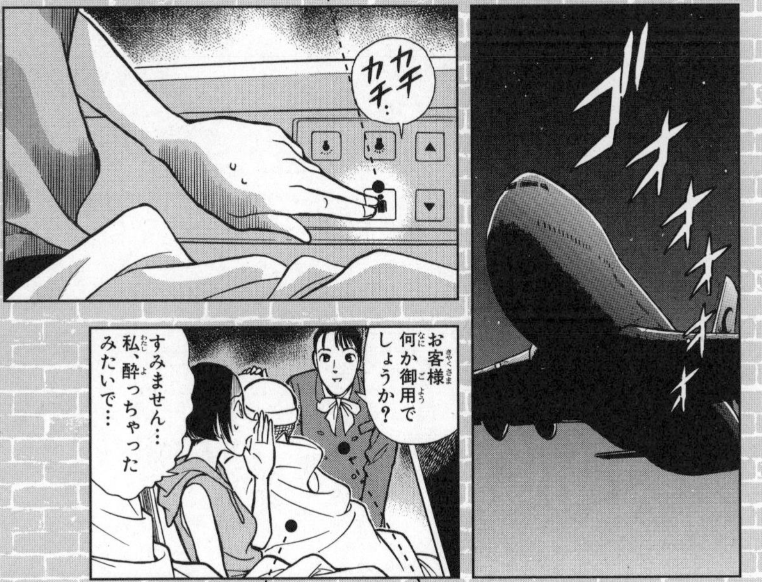

ゴオオオオオ
カチ
カチ…
お客様《きゃくさま》
何《なに》か御用《ごよう》でしょうか？
すみません…
私《わたし》、酔《よ》っちゃったみたいで…

□ blanket

［ブランキット］

名 **毛布《もうふ》**

□ flight attendant

［フライト アテンダント］

名 **（旅客機《りょかくき》の）客室乗務員《きゃくしつじょうむいん》**

141ページの答《こた》え ○ ㋐grapes《グレイプス》 ぶどう ✕ ㋑banana《バナナ》 バナナ ✕ ㋒cherry《チェリィ》 さくらんぼ

scene 129 飛行機内《ひこうきない》で事件発生《じけんはっせい》！

□ **sound** [サウンド]

名 音《おと》

a《ア》 loud《ラウド》 sound《サウンド》
大《おお》きな音《おと》

□ **jet** [ヂェット]

名 ジェット機《き》

はぁ? 調《しら》べ直《なお》せだと!?
ゴオオオオオオオ。。
LUNA

あの容疑者五人《ようぎしゃごにん》の身体検査《しんたいけんさ》と、手荷物《てにもつ》のチェックをもう一度《いちど》やり直《なお》せっていうのかね?
ええ…
機内《きない》から凶器《きょうき》が見《み》つからないという事《こと》は、犯人《はんにん》がまだ隠《かく》し持《も》っているかもしれないって事《こと》ですよ…

□ **fly** [フラィ]

動 (鳥《とり》・飛行機《ひこうき》・虫《むし》などが) 飛《と》ぶ

A《ア》 plane《プレイン》 is《イズ》 flying《フライイング》.
飛行機《ひこうき》が飛《と》んでいます。

✲ flying《フラィイング》は fly《フラィ》の ing《アィエンヂー》形《けい》

scene 130 考《かんが》えたくないことを想像《そうぞう》して!?

□ imagine

[イマヂン]

動 (〜を) 想像《そうぞう》する

Imagine《イマヂン》 your《ユァ》 future《フューチャァ》.
あなたの未来《みらい》を想像《そうぞう》してください。

ええ…毛利《もうり》さんにいつもくっついて来《く》るチビッコ探偵《たんてい》ですからね…
へ――…結構有名《けっこうゆうめい》なのね、ボウヤ…
………

ポワーン
………

□ parent

[ペ(ァ)ラント]

名 親《おや》

✲ parent《ペ(ァ)ラント》は「父《ちち》または母《はは》」。
parents《ペ(ァ)ランツ》で「両親《りょうしん》」

□ baby

[ベイビィ]

名 赤《あか》ちゃん、赤《あか》んぼう

a《ア》 cute《キュート》 baby《ベイビィ》
かわいい赤《あか》ちゃん

scene 131 休日《きゅうじつ》の明治神宮《めいじじんぐう》は大《おお》にぎわいで!?

□ shrine [シュライン]

名 神社《じんじゃ》

✲「寺《てら》」はtemple《テンプル》

──明治神宮《めいじじんぐう》──
へ──…
ここも結構《けっこう》人《ひと》おんな──!

□ crowd [クラウド]

名 群衆《ぐんしゅう》、人《ひと》ごみ

a big crowd《アビッグクラウド》

大群衆《だいぐんしゅう》

6月《がつ》はジューンブライド…
いろいろ願《ねが》い事《ごと》でもあるんだろーよ…

□ short [ショート]

形 背《せ》が低《ひく》い

Conan《コナン》 is《イズ》 short《ショート》.

コナンは背《せ》が低《ひく》い。

scene 132 列車《れっしゃ》の旅《たび》に興奮《こうふん》してねむれない！

□ train ［トゥレイン］

名 列車《れっしゃ》、電車《でんしゃ》

□ fast ［ファスト］

副 （速度《そくど》が）速《はや》く

✲ 時間的《じかんてき》に「早《はや》く」はearly《アーリィ》

The《ザ》 train《トゥレイン》 is《イズ》 running《ラニング》 fast《ファスト》.
電車《でんしゃ》は速《はや》く走《はし》っています。

✲ running《ラニング》はrun《ラン》のing《アィエンヂー》形《けい》

北斗星
ゴオオオオオ

□ railway

［レイルウェィ］

名 鉄道《てつどう》、線路《せんろ》

わー見《み》て見《み》て青函《せいかん》トンネルに入《はい》ったみたいよ！
なんだおまえら…まだ起《お》きてんのか？
ふぁ…

scene 133 ゴメラの映画《えいが》に大興奮《だいこうふん》！

□ powerful ［パウァフル］

形 **力《ちから》の強《つよ》い、強力《きょうりょく》な**

a《ア》 powerful《パウァフル》 monster《マンスタァ》
力《ちから》の強《つよ》いかいぶつ

あの伝説《でんせつ》の大怪獣《だいかいじゅう》ゴメラの力《ちから》に…
ギャオオオ
わぁ——っ!!

□ monster

［マンスタァ］

名 **（想像上《そうぞうじょう》の）かいぶつ**

□ claw ［クロー］

名 **（鳥《とり》やけもののとがった）つめ**

✲ 人《ひと》の指《ゆび》のつめは nail《ネイル》

scene **134** 映画館《えいがかん》で食《た》べ物《もの》をこう入《にゅう》！

□ salesperson ［セイルズパースン］

名 店員《てんいん》

あのー…ポップコーンは三《みっ》つでいいんですけど…
いーの、いーの！それはお姉《ねえ》さんのサービス♡
POPCORN

ボウヤ達《たち》よくここへ来《き》てくれるし、
今日《きょう》は最後《さいご》のお客様《きゃくさま》だから…
最後《さいご》？
友里百合子《ともさとゆりこ》(23)
売店係《ばいてんがかり》

□ popcorn

［パップコーン］

名 ポップコーン

□ customer ［カスタマァ］

名 （商店《しょうてん》などの）客《きゃく》

They《ゼイ》 are《アー》 customers《カスタマァズ》.
かれらはお客《きゃく》さんです。

できるかな？

光彦《みつひこ》が手《て》に取《と》っているものは？

㋐ rice《ライス》 ball《ボール》 ㋑ popcorn《パップコーン》 ㋒ steak《ステイク》

〈答《こた》えは２ページ後《あと》に〉

scene 135 この手紙《てがみ》は何《なん》なのだろう？

□ stamp ［スタンプ］

名 切手《きって》

Put《プット》 a《ア》 stamp《スタンプ》 on《アン》 the《ズィ》 envelope《エンヴァロウプ》.
ふうとうに切手《きって》をはってください。

ああ…一週間前《いっしゅうかんまえ》、事件《じけん》の依頼《いらい》がしたいから小笠原《おがさわら》まで来《き》てくれっちゅう依頼料《いらいりょう》10万円《まんえん》入《い》りの手紙《てがみ》がオレ宛《あて》に届《とど》いたんやけど、どーも変《へん》なんや…
「古川大《ふるかわまさる》」って書《か》いてあるだけで差《さ》し出《だ》し人《にん》の住所《じゅうしょ》はないし、入《はい》っとったお金《かね》はみんな古《ふる》い札《さつ》ばっかりやし…
船《ふね》の乗《の》り場《ば》でソレ見《み》せたら、乗《の》せてくれるておかしな事《こと》書《か》いてあるし…

□ money

［マニィ］

名 お金《かね》

□ envelope

［エンヴァロウプ］

名 ふうとう

scene **136** 佐藤刑事《さとうけいじ》がピンチ!? 現場《げんば》はどこだ!

□ hurry [ハーリィ]

動 急《いそ》ぐ

Don't《ドウント》 hurry《ハーリィ》.
あわてないで。

何《なに》!? 被疑者《ひぎしゃ》が佐藤《さとう》を!?
美和《みわ》ちゃんが拉致監禁《らちかんきん》!?
本当《ほんとう》か!?
ファン ファン
警察《けいさつ》の数《かず》増《ふ》えてるわね…
ホントだ——…
佐藤《さとう》さん人気《にんき》あるからなぁ…

□ fence

[フェンス]

名 へい、さく

□ bicycle

[バイスィクル]

名 自転車《じてんしゃ》

He《ヒー》 is《イズ》 riding《ライディング》 a《ア》 bicycle《バイスィクル》.
かれは自転車《じてんしゃ》に乗《の》っています。

＊ riding《ライディング》 は ride《ライド》 の ing《アイエンヂー》 形《けい》

149ページの答《こた》え ✕ ㋐rice《ライス》 ball《ボール》 おにぎり ○ ㋑popcorn《パップコーン》 ポップコーン ✕ ㋒steak《ステイク》 ビーフステーキ

scene **137** いそいそと、どこへ行《い》くの？

□ **overcoat** ［オウヴァコウト］

名 **オーバー（コート）、コート**

□ **entrance**

［エントゥランス］

名 **入《い》り口《ぐち》**

□ **skirt**

［スカート］

名 **スカート**

a《ア》 short《ショート》 skirt《スカート》
短《みじか》いスカート

scene 138 こいつと蘭《らん》の関係《かんけい》は！？

□ meet [ミート]

動 (～に)会《あ》う

They《ゼィ》 sometimes《サムタイムズ》
meet《ミート》 at《アット》 school《スクール》.
かれらは時々《ときどき》学校《がっこう》で会《あ》います。

ま、まさか…
まさか蘭《らん》が毎日《まいにち》空手部《からてぶ》の強化練習《きょうかれんしゅう》に行《い》ってた目的《もくてき》って…

□ coach [コウチ]

名 (運動《うんどう》・競技《きょうぎ》などの)コーチ

a《ア》 basketball《バスキットゥボール》 coach《コウチ》
バスケットボールのコーチ

こいつに会《あ》うため？

□ basketball

[バスキットゥボール]

名 バスケットボール

scene 139 熱心《ねっしん》に、何《なに》を編《あ》んでるの？

えっと ここは…
あら どーしたの？ そのセーター…

ステキな模様《もよう》だから その人《ひと》に借《か》りて来《き》ちゃった！
だから わたしのも これに変更《へんこう》♡
アラン模様《もよう》 じゃない… 難《むずか》しいわよ それ…

□ knit ［ニット］

動 (〜を) 編《あ》む

Ran《ラン》 is《イズ》 knitting《ニッティング》 a《ア》 sweater《スウェタァ》.
蘭《らん》はセーターを編《あ》んでいます。

✲ knitting《ニッティング》 は knit《ニット》 の ing《アイエンテー》 形《けい》

□ wool ［ウル］

名 毛糸《けいと》、ウール

□ knitting needle

［ニッティング ニードゥル］

名 編《あ》み針《ばり》

scene **140** セーターの着《き》心《ごこ》地《ち》は？

□ sweater ［スウェタァ］

名 **セーター**

それで？着《き》てみた？
ああ…今《いま》、着《き》てるよ…
あ、ありがとな！
クスクス…
なに笑《わら》ってんだよ？
ううんなんでもなーい♡

□ wear ［ウエァ］

動 **(～を)着《き》ている、身《み》につけている**

Conan《コナン》 is《イズ》 wearing《ウェ(ア)リング》 a《ア》 sweater《スウェタァ》.
コナンはセーターを着《き》ています。

✲ wearing《ウェ(ア)リング》は wear《ウェア》の ing《アイエンヂー》 形《けい》

□ chair

［チェァ］

名 **いす**

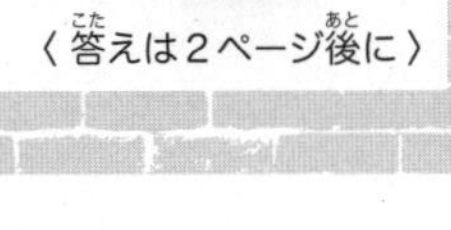

できるかな？

コナンが着《き》ているものは？

㋐ vest《ヴェスト》 ㋑ apron《エイプラン》 ㋒ sweater《スウェタァ》

〈答《こた》えは２ページ後《あと》に〉

scene **141** 雪《ゆき》が降《ふ》って楽《たの》しい！

□ fun ［ファン］

名 楽《たの》しさ

Have《ハヴ》 fun《ファン》!
楽《たの》しんで！

□ over ［オウヴァ］

前 (～の) 上《うえ》に

over《オウヴァ》 my《マイ》 head《ヘッド》
私《わたし》の頭《あたま》の上《うえ》に

ゆーきやコンコ♪
あられやコンコ♪

□ song ［ソーング］

名 歌《うた》

They《ゼイ》 are《アー》 singing《スインギング》 a《ア》 song《ソーング》.
かれらは歌《うた》を歌《うた》っています。

✲ singing《スインギング》は sing《スイング》の ing《アイエンヂー》形《けい》

scene 142 黒《くろ》ずくめの組織《そしき》がねらうのは！？

□ welcome ［ウェルカム］

動 (～を)かんげいする

We《ウィ》 will《ウィル》 welcome《ウェルカム》 you《ユー》 to《トゥー》 our《アウァ》 team《ティーム》.
私《わたし》たちはあなたが私《わたし》たちのチームに入《はい》ることをかんげいします。

歓迎《かんげい》するぜ…
シェリー……

□ smoke ［スモウク］

動 たばこを吸《す》う

The《ザ》 man《マン》 is《イズ》 smoking《スモウキング》.
その男《おとこ》の人《ひと》はたばこを吸《す》っています。

＊ smoking《スモウキング》 は smoke《スモウク》 の ing《アィエンヂー》 形《けい》

□ neck ［ネック］

名 首《くび》

155ページの答《こた》え　✕ ㋐ vest《ヴェスト》 ベスト　✕ ㋑ apron《エイプラン》 エプロン　○ ㋒ sweater《スウェタァ》 セーター

scene 143 灰原《はいばら》が授業中《じゅぎょうちゅう》にいねむりを!?

□ classmate [クラスメイト]

名 クラスメート、級友《きゅうゆう》

灰原《はいばら》さん…
灰原《はいばら》さん!!
え?
どーしたの?
今《いま》、授業中《じゅぎょうちゅう》だよ?

□ lesson

[レッスン]

名 授業《じゅぎょう》

an《アン》 English《イングリッシュ》 lesson《レッスン》
英語《えいご》の授業《じゅぎょう》

□ wake [ウェイク]

動 目《め》が覚《さ》める、起《お》きる

✲ よく up《アップ》といっしょに用《もち》いる

Wake《ウェイク》 up《アップ》.
起《お》きなさい。

アイススケートも楽《たの》しいな！

□ skate

[スケイト]

名 **スケートぐつ**

a《ア》 pair《ペア》 of《オヴ》 skates《スケイツ》

スケートぐつ１足《そく》

□ rink [リンク]

名 **アイススケート場《じょう》**

□ skating

[スケイティング]

名 **スケート**

✲ スケートをすることを指《さ》す

I《アィ》 like《ライク》 skating《スケイティング》.

私《わたし》はスケートが好《す》きです。

145 和気《わき》あいあいとなべを囲《かこ》んで！

□ grilled fish

［グリルド フィッシュ］

名 焼《や》き魚《ざかな》

□ crab

［クラブ］

名 かに

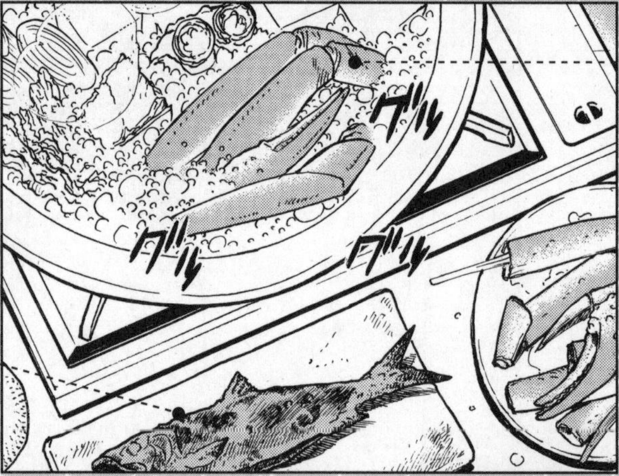

□ friendly

［フレンドゥリィ］

形 好意的《こういてき》な、友好的《ゆうこうてき》な

a《ア》 friendly《フレンドゥリィ》 smile《スマイル》

親《した》しみのこもったほほえみ

scene 146 キャンプへGO《ゴー》！

□ camp ［キャンプ］

動 キャンプをする

Let's《レッツ》 camp《キャンプ》 in《イン》 the《ザ》 forest《フォーリスト》.
森《もり》でキャンプをしよう。

□ forest

［フォーリスト］

名 森林《しんりん》、森《もり》

よーし テント完成《かんせい》じゃ!!!
ワシと哀君《あいくん》で カマドを作《つく》るから、君《きみ》らはその辺《へん》の森《もり》から 薪《たきぎ》になる枝《えだ》を 拾《ひろ》って来《き》てくれ！
ほーーい!!

□ backpack ［バックパック］

名 バックパック、リュックサック

できるかな？

テントの前《まえ》に置《お》いてあるものは？

㋐ box《バックス》　㋑ backpack《バックパック》　㋒ bicycle《バイスィクル》

〈答《こた》えは2ページ後《あと》に〉

scene **147** たきぎ拾《ひろ》いも楽《たの》しいな！

□ pick ［ピック］

動 (～を)つまみとる

Genta《ゲンタ》 is《イズ》 picking《ピッキング》 up《アップ》 branches《ブランチィズ》.
元太《げんた》は枝《えだ》を拾《ひろ》っています。

✲ pick《ピック》 up《アップ》 で「～を拾《ひろ》う」の意味《いみ》。picking《ピッキング》 は pick《ピック》 の ing《アィエンヂー》 形《けい》

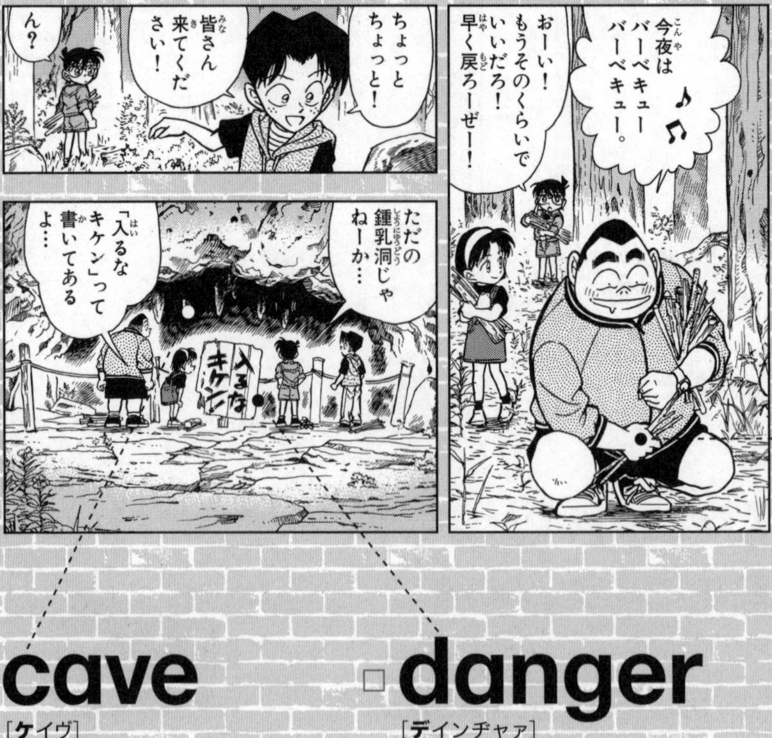

今夜《こんや》はバーベキューバーベキュー。♪♫
おーい！もうそのくらいでいいだろ！早《はや》く戻《もど》ろーぜー！
ちょっとちょっと！
皆《みな》さん来《き》てください！
ん？
ただの鍾乳洞《しょうにゅうどう》じゃねーか…
「入《はい》るなキケン」って書《か》いてあるよ…
入るなキケン

□ cave

［ケイヴ］

名 どうくつ

□ danger

［デインヂャァ］

名 危険《きけん》

scene 148 みんなの帰《かえ》りがおそいな～

遅《おそ》いのー…
どこまで拾《ひろ》いに行《い》っとるんじゃ…
森《もり》の中《なか》でも探検《たんけん》してるんじゃないの？
好奇心旺盛《こうきしんおうせい》な探偵《たんてい》さんが引率者《いんそつしゃ》だし…

□ peel ［ピール］

動 （果物《くだもの》・野菜《やさい》などの）皮《かわ》をむく

Haibara《ハイバラ》 is《イズ》 peeling《ピーリング》 vegetables《ヴェヂタブルズ》.
灰原《はいばら》が野菜《やさい》の皮《かわ》をむいています。

✲ peeling《ピーリング》は peel《ピール》の ing《アイエンヂー》形《けい》

□ carrot

［キャラット］

名 にんじん

□ onion

［アニャン］

名 玉《たま》ねぎ

onion《アニャン》 soup《スープ》
玉《たま》ねぎのスープ

161ページの答《こた》え　✕ ㋐box《バックス》 箱《はこ》　○ ㋑backpack《バックパック》 バックパック　✕ ㋒bicycle《バイスィクル》 自転車《じてんしゃ》

scene **149** うわーっ! うじゃうじゃいる!!

□ **scream** [スクリーム]

動 さけぶ、悲鳴《ひめい》をあげる

Ayumi《アユミ》 is《イズ》 screaming《スクリーミング》.
歩美《あゆみ》は悲鳴《ひめい》をあげています。

✲ screaming《スクリーミング》 は scream《スクリーム》 の ing《アィエンヂー》 形《けい》

□ **bat** [バット]

名 こうもり

□ **wing** [ウィング]

名 つばさ

scene **150** 十二支《じゅうにし》がヒントなのか!?

□ mouse [マウス]

名 (小《ちい》さい)ねずみ

✲ 複数形《ふくすうけい》(2ひき以上《いじょう》)は mice《マイス》

「と」と「龍《りゅう》」と「卯《たまご》」は、十二支《じゅうにし》を暗示《あんじ》するキーワードだったんですよ!
「龍《りゅう》」は辰年《たつどし》「卯《たまご》」は巳年《みどし》!
子
丑
寅
卯
辰
巳
午
未
申
酉
戌
亥

□ sheep

[シープ]

名 羊《ひつじ》

✲ 複数形《ふくすうけい》(2ひき以上《いじょう》)も sheep《シープ》

□ snake [スネイク]

名 へび

a《ア》 sea《スィー》 snake《スネイク》

海《うみ》へび

scene **151** コナンは助《たす》かるの！？

□ operation ［アパ**レ**イション］

名 **手術《しゅじゅつ》**

□ serious

［**スィ**(ァ)リアス］

形 **（病気《びょうき》やけがなどが）**
重《おも》い、深刻《しんこく》な

a《ア》 serious《スィ(ァ)リアス》 wound《ウーンド》
重傷《じゅうしょう》

□ stretcher

［ストゥ**レ**ッチャァ］

名 **たんか、ストレッチャー**

scene **152** 手術《しゅじゅつ》はうまくいった！？

□ liquid ［**リ**クウィッド］

名 **液体《えきたい》**

………

どうやら
まだ…
生《い》きてる
みてーだな…

□ alive ［ア**ラ**イヴ］

形 **生《い》きている**

Conan《コナン》 is《イズ》 alive《アライヴ》.
コナンは生《い》きています。

□ tube ［**トゥ**ーブ］

名 **（ガラス・ゴム・金属《きんぞく》などの）管《くだ》、チューブ**

scene 153 学《がく》園《えん》祭《さい》で劇《げき》を上《じょう》演《えん》中《ちゅう》！

□ feather ［フェザァ］

名 (1枚《まい》1枚《まい》の) 羽《はね》

✲「つばさ」はwing《ウィング》

黒衣《こくえ》の騎《き》士《し》!?

□ sword ［ソード］

名 刀《かたな》、けん

a《ア》 sharp《シャープ》 sword《ソード》
するどいけん

カッコエー——♡

□ knight ［ナイト］

名 騎士《きし》

scene 154 新一《しんいち》がたおれた!? どうなるの!?

□ princess [プ**リ**ンスィス]

名 王女《おうじょ》

✲「王子《おうじ》」はprince《プリンス》

ねえ…
新《しん》一《いち》――!!
保健室
ん? この臭《にお》い…保健室《ほけんしつ》か?
そっかオレ運《はこ》ばれたんだ…

□ student

[ス**トゥ**ードゥント]

名 学生《がくせい》、生徒《せいと》

a《ア》 high《ハィ》 school《スクール》 student《ストゥードゥント》
高校生《こうこうせい》

□ school nurse's office [ス**ク**ール **ナ**ースィズ **オ**ーフィス]

名 保健室《ほけんしつ》

scene # 155 デザートが運《はこ》ばれてきたけれど！？

□ waitress

［**ウェ**イトゥリス］

名 ウエートレス、女性《じょせい》の給仕人《きゅうじにん》

✲ 「男性《だんせい》の給仕人《きゅうじにん》」は waiter《ウェイタァ》

✲ 最近《さいきん》は男女関係《だんじょかんけい》なく waitperson《ウェイトパースン》ともいう

でもわざわざ食事《しょくじ》に誘《さそ》ってそれはないわよねえ…
お待《ま》たせしました…

□ bring ［ブ**リ**ング］

動 (物《もの》を) 持《も》ってくる

A《ア》 waitress《ウェイトゥリス》 is《イズ》 bringing《ブリンギング》 dessert《ディザート》.
ウエートレスがデザートを持《も》ってきます。

✲ bringing《ブリンギング》 は bring《ブリング》 の ing《アィエンヂー》 形《けい》

あ、連《つ》れが戻《もど》って来《く》るまでデザート待《ま》ってもらえます？

□ dessert

［ディ**ザ**ート］

名 デザート

✲ 食後《しょくご》のかしや果物《くだもの》を指《さ》す

できるかな？

蘭《らん》のところにやって来《き》たのは？

㋐ actor《アクタァ》 ㋑ nurse《ナース》 ㋒ waitress《ウェイトゥリス》

〈答《こた》えは2ページ後《あと》に〉

蘭《らん》がおこってる!?

□ loud ［ラウド］

形 音《おと》の大《おお》きい

□ earphone

［イァフォウン］

名 イヤホン

✲ ふつうは両耳《りょうみみ》で使《つか》うので earphones《イァフォウンズ》と複数形《ふくすうけい》にする

□ volume

［ヴァリューム］

名 音量《おんりょう》

loud《ラウド》 volume《ヴァリューム》
大《おお》きな音量《おんりょう》

157 真《しん》けんな話《はなし》なんだ、聞《き》いてくれ

□ shirt [シャート]

名 **シャツ**

Kogoro《ココロウ》 is《イズ》 wearing《ウェ(ア)リング》 a《ア》 shirt《シャート》.
小五郎《こごろう》はシャツを着《き》ています。

✲ wearing《ウェ(ア)リング》 は wear《ウェア》 の ing《アイエンヂー》 形《けい》

そろそろ戻《もど》って来《き》てくれねーか…
限界《げんかい》なんだよ…

□ sandals

[サンドゥルズ]

名 **サンダル**

□ pants [パンツ]

名 **ズボン**

a《ア》 pair《ペア》 of《オヴ》 pants《パンツ》
ズボン１本《ぽん》

170ページの答《こた》え ✕ ㋐actor《アクタァ》 俳優《はいゆう》 ✕ ㋑nurse《ナース》 看護師《かんごし》 ○ ㋒waitress《ウェイトゥリス》 ウエートレス

scene 158 灰原《はいばら》が事件《じけん》を分《ぶん》せきしていて！？

□ **map** ［マップ］

名 地図《ちず》

□ **line** ［ライン］

名 線《せん》

□ **draw**

［ドゥロー］

動 （線《せん》を）引《ひ》く、（線《せん》で絵《え》を）かく

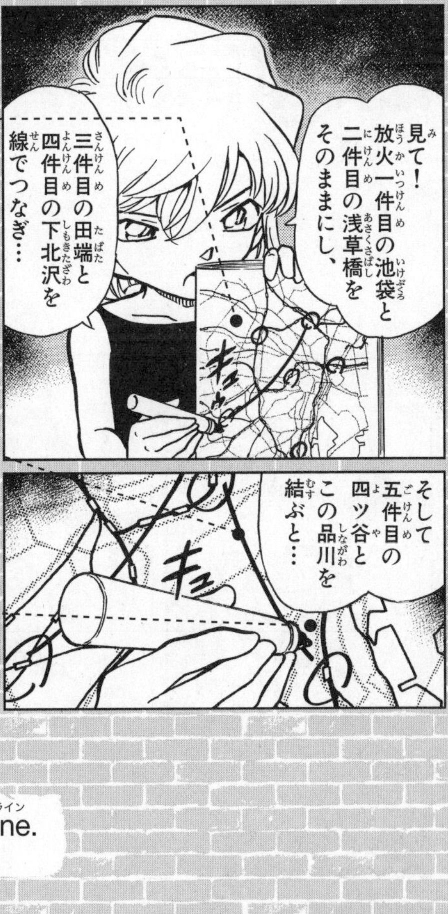
見《み》て！放火《ほうか》一件目《いっけんめ》の池袋《いけぶくろ》と二件目《にけんめ》の浅草橋《あさくさばし》をそのままにし、
三件目《さんけんめ》の田端《たばた》と四件目《よんけんめ》の下北沢《しもきたざわ》を線《せん》でつなぎ…
そして五件目《ごけんめ》の四《よ》ツ谷《や》とこの品川《しながわ》を結《むす》ぶと…

Haibara《ハイバラ》 is《イズ》 drawing《ドゥローイング》 a《ア》 line《ライン》.
灰原《はいばら》は線《せん》を引《ひ》いています。

✲ drawing《ドゥローイング》は draw《ドゥロー》の ing《アィエンヂー》形《けい》

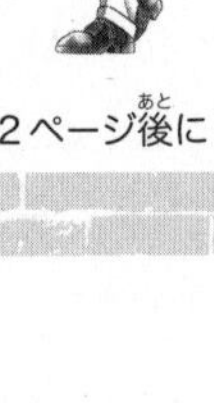

できるかな？

灰原《はいばら》が線《せん》を書《か》きこんでいるものは？

㋐ map《マップ》　㋑ blackboard《ブラックボード》　㋒ textbook《テクストブック》

〈答《こた》えは2ページ後《あと》に〉

scene 159 発音《はつおん》を直《なお》されている目暮《めぐれ》警部《けいぶ》だけど!?

□ English ［イングリッシュ］

名 英語《えいご》

I《アィ》 can《キャン》 speak《スピーク》 English《イングリッシュ》.
私《わたし》は英語《えいご》を話《はな》せます。

マイ・ネーム・イズ ジュウゾウ・メグレ! アイ・アム・ア ジャパニーズ ポリスマン!
ポリス?
ポリスマン 違《ちが》いまーす! ポリィスマン!
ポ、ポリ～ス マーーーン?
ノンノンノン ポリィスマン! OK《オーケー》?
プォリイス マアン…
け、警部《けいぶ》…

□ learn ［ラーン］

動 (～を)習《なら》う、学《まな》ぶ

I《アィ》 want《ワント》 to《トゥー》 learn《ラーン》 English《イングリッシュ》.
私《わたし》は英語《えいご》を習《なら》いたい。

□ teach ［ティーチ］

動 (教科《きょうか》・人《ひと》などを)教《おし》える

Does《ダズ》 she《シィ》 teach《ティーチ》 English《イングリッシュ》?
かのじょは英語《えいご》を教《おし》えていますか?

scene 160 小熊《こぐま》が後《あと》をついてきている

□ **little** [リトゥル]

形 小《ちい》さい

✲「小《ちい》さくてかわいらしい」という気持《きも》ちをふくむ

a《ア》 little《リトゥル》 bear《ベァ》
小熊《こぐま》

□ **ground** [グラウンド]

名 地面《じめん》

□ **bear** [ベァ]

名 熊《くま》

173ページの答《こた》え　○ ㋐map《マップ》 地図《ちず》　✕ ㋑blackboard《ブラックボード》 黒板《こくばん》　✕ ㋒textbook《テクストブック》 教科書《きょうかしょ》

scene **161** 和葉《かずは》がにおいに気《き》がついた

□ follow ［ファロゥ］

動 (～に)ついて行《い》く［来《く》る］

Kazuha《カズハ》 is《イズ》 following《ファロウイング》 Heiji《ヘイジ》.
和葉《かずは》は平次《へいじ》について行《い》っています。

✲ following《ファロウイング》 は follow《ファロゥ》 の ing《アイエンヂー》 形《けい》

ウソや！ウソや！そんなんウソや!!
オレは信《しん》じひんぞ工藤《くどう》!!
え？
これ線香《せんこう》の匂《にお》いとちゃう？
アホか！こんな山《やま》ん中《なか》で誰《だれ》がそんな…

□ smell ［スメル］

動 (～の)においをかぐ

Smell《スメル》 this《ズィス》 flower《フラウァ》.
この花《はな》のにおいをかいでみてください。

□ nose ［ノウズ］

名 鼻《はな》

scene **162** 黒《くろ》ずくめの男《おとこ》たちがおしゃれな店《みせ》で！？

□ hat ［ハット］

名 （ふちのある）ぼうし

✲「ふちのないぼうし」は cap《キャップ》

The《ザ》 man《マン》 is《イズ》 wearing《ウェ(ア)リング》 a《ア》 hat《ハット》.
その男《おとこ》の人《ひと》はぼうしをかぶっています。

✲ wearing《ウェ(ア)リング》 は wear《ウェア》 の ing《アイエンヂー》 形《けい》

□ waiter ［ウェイタァ］

名 ウエーター、男性《だんせい》の給仕人《きゅうじにん》

✲「ウエートレス」は waitress《ウェイトゥリス》

✲ 最近《さいきん》は男女関係《だんじょかんけい》なく waitperson《ウェイトパースン》 ともいう

ドライマティーニでございます…
歌姫《うたひめ》からお二人《ふたり》に…
ピュ～♪

□ tray ［トゥレィ］

名 ぼん

できるかな？

飲《の》み物《もの》を運《はこ》んできたのは？

㋐ doctor《ダクタァ》 ㋑ pilot《パイラット》 ㋒ waiter《ウェイタァ》

〈答《こた》えは２ページ後《あと》に〉

scene **163** バスジャック発生《はっせい》!!

□ bus driver ［バス ドゥライヴァ］

名 **バスの運転手《うんてんしゅ》**

隠《かく》すなよ…
隠《かく》すと電話《でんわ》を一生《いっしょう》かけられなくなっちまうぜェ？
あ、小《こ》林《ばやし》です……
じ、実《じっ》は今《いま》…

□ cell phone

［セル フォウン］

名 **けい帯電話《たいでんわ》**

The《ザ》 driver《ドゥライヴァ》 is《イズ》 using《ユーズィング》 a《ア》 cell《セル》 phone《フォウン》.
運転手《うんてんしゅ》はけい帯電話《たいでんわ》を使《つか》っています。

✲ using《ユーズィング》 は use《ユーズ》 の ing《アイエンヂー》 形《けい》

□ wheel

［（ホ）ウィール］

名 **（自動車《じどうしゃ》の）ハンドル**

✲ ふつう the《ザ》 をつけて the《ザ》 wheel《（ホ）ウィール》 とする

✲ wheel《（ホ）ウィール》 には「車輪《しゃりん》」という意味《いみ》もある

scene **164** ジョディ先《せん》生《せい》、だいじょうぶ？

□ **fall** ［フォール］

動 **たおれる、転《ころ》ぶ**

I《アイ》 sometimes《サムタイムズ》 fall《フォール》.
私《わたし》は時々《ときどき》転《ころ》びます。

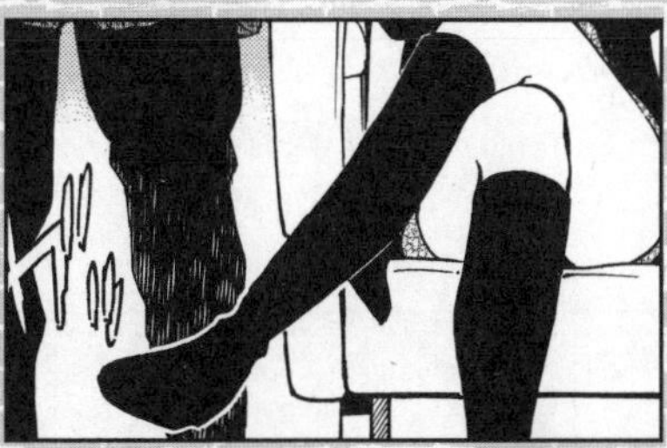

こ、この外《がい》人《じん》女《おんな》…
Oh《オー》~~~
sorry《ソーリー》!!
（ごめんなさい）

□ **sorry**

［ソーリィ］

形 **すまなく思《おも》って**

□ **speak**

［スピーク］

動 **話《はな》す**

Speak《スピーク》 English《イングリッシュ》.
英語《えいご》を話《はな》してください。

177ページの答《こた》え　✕ ㋐doctor《ダクタァ》 医者《いしゃ》　✕ ㋑pilot《パイラット》 パイロット　○ ㋒waiter《ウェイタァ》 ウエーター

scene **165** 困《こま》ったもんだな、この先生《せんせい》…

□ foreigner

［フォーラナァ］

名 外国人《がいこくじん》

□ back

［バック］

名 背中《せなか》、背《せ》

ああもういい…席《せき》に座《すわ》ってろ！
It's《イッツ》 very《ベリー》 very《ベリー》 exciting《エキサイティング》!!
(わくわくしちゃうわね！)
おいおい大丈夫《だいじょうぶ》かこの先生《せんせい》…
とにかく…
ゴホ ゴホ
クチャ クチャ

□ behind ［ビハインド］

前 (～の) 後《うし》ろに［の］

behind《ビハインド》 the《ザ》 woman《ウマン》
女《おんな》の人《ひと》の後《うし》ろに

scene **166** とつ然《ぜん》走《はし》り出《だ》した犬《いぬ》、その訳《わけ》は？

□ snack time ［スナック タイム］

名 **おやつの時間《じかん》**

どうしたのドイル…
ボーン
タッタッ
タッ
おやつの時間《じかん》だからだよ！
ボーン

□ dog ［ドーグ］

名 **犬《いぬ》**

I《アィ》 have《ハヴ》 a《ア》 dog《ドーグ》.
私《わたし》は犬《いぬ》を飼《か》っています。

僕《ぼく》の母《かあ》さんは毎日昼《まいにちひる》の12時《じ》に、ドイルの大好物《だいこうぶつ》のチーズを与《あた》えてたから…
ボーン

□ cheese ［チーズ］

名 **チーズ**

scene

167 レアなチケット。ぜひ行《い》きたい！

□ offer ［オーファ］

動 （人《ひと》に）（～を）申《もう》し出《で》る、提供《ていきょう》する

Ran《ラン》 is《イズ》 offering《オーファリング》 a《ア》 ticket《ティキット》 to《トゥー》 Conan《コナン》.
蘭《らん》はコナンにチケットを差《さ》し出《だ》しています。

＊ offering《オーファリング》 は offer《オーファ》 の ing《アイエンヂー》 形《けい》

明日《あした》、長居《ながい》スタジアムでレイ選手《せんしゅ》も出場《しゅつじょう》する特別《とくべつ》試《じ》合《あい》のチケットよ！さっきこっそり渡《わた》してくれたの！
行《い》くでしょ？
行《い》く行《い》く!!

□ go ［ゴゥ］

動 行《い》く

I《アイ》 want《ワント》 to《トゥー》 go《ゴゥ》.
行《い》きたい。

□ ticket ［ティキット］

名 チケット、きっぷ

Can《キャン》 you《ユー》 get《ゲット》 the《ザ》 ticket《ティキット》?
あなたはそのチケットを手《て》に入《い》れることができますか？

できるかな？

蘭《らん》がコナンに見《み》せているものは？

㋐ photo《フォウトゥ》　㋑ map《マップ》　㋒ ticket《ティキット》

〈答《こた》えは2ページ後《あと》に〉

scene **168** 小五郎《こごろう》が推理《すいり》するけれど!?

つまり犯人《はんにん》は元《もと》世界《せかい》ミドル級《きゅう》チャンピオン、
リカルド・バレイラだ――!!

□ boxer
［バクサァ］

名 **ボクサー**

a《ア》 strong《ストゥローング》 boxer《バクサァ》
強《つよ》いボクサー

□ chest
［チェスト］

名 **胸《むね》**

□ champion ［チャンピアン］

名 **チャンピオン**

the《ザ》 world《ワールド》 champion《チャンピアン》
世界《せかい》チャンピオン

scene **169** だれだ!?　このイケメン

僕《ぼく》の知的興奮《ちてきこうふん》を呼《よ》び覚《さ》ますには十分《じゅうぶん》過《す》ぎますよ…
白馬《はくば》 探《さぐる》(17)
探偵《たんてい》

□ **hawk** ［ホーク］

名 たか

□ **tie** ［タイ］

名 ネクタイ

He《ヒー》 is《イズ》 wearing《ウェ(ァ)リング》 a《ア》 tie《タイ》.
かれはネクタイをしています。

✲ wearing《ウェ(ァ)リング》 は wear《ウェア》 の ing《アイエンヂー》 形《けい》

□ **detective**

［ディテクティヴ］

名 探偵《たんてい》

182ページの答《こた》え　✕ ㋐photo《フォウトゥ》 写真《しゃしん》　✕ ㋑map《マップ》 地図《ちず》　○ ㋒ticket《ティキット》 チケット

scene **170** 勝負事《しょうぶごと》に強《つよ》い蘭《らん》！

□ win ［ウィン］

動 (競技《きょうぎ》・戦争《せんそう》などに) 勝《か》つ

Ran《ラン》 can《キャン》 win《ウィン》 the《ザ》 game《ゲイム》 easily《イーズィリィ》.
蘭《らん》はそのゲームに簡単《かんたん》に勝《か》てます。

ホォー 若《わか》いのやるじゃねーか…
見《み》て見《み》て♡
ストレート!!
またまたわたしの勝《か》ちね！
相変《あいか》わらず強《つえ》ーなこの女《おんな》…
待《ま》って！
ジャラ

□ game ［ゲイム］

名 ゲーム

＊ game《ゲイム》には baseball《ベイスボール》 game《ゲイム》
(野球《やきゅう》の試合《しあい》)のように
「試合《しあい》」の意味《いみ》もある

□ chess ［チェス］

名 チェス

171 あやしいマネキンが語《かた》るのは、財宝《ざいほう》探《さが》しのヒント！

□ treasure

［トゥ**レ**ジャァ］

名 宝《たから》、財宝《ざいほう》

I《アィ》 want《ワント》 to《トゥー》 find《ファインド》 treasure《トゥレジャァ》.
私《わたし》は宝《たから》を見《み》つけたい。

□ king ［**キ**ング］

名 王《おう》、国王《こくおう》

He《ヒー》 will《ウィル》 become《ビカム》 king《キング》.
かれは王《おう》になるでしょう。

「二人《ふたり》の旅人《たびびと》が天《てん》を仰《あお》いだ夜《よる》…
悪魔《あくま》が城《しろ》に降臨《こうりん》し、王《おう》は宝《たから》を抱《かか》えて逃《に》げ惑《まど》い…
王妃《おうひ》は聖杯《せいはい》に涙《なみだ》を溜《た》めて許《ゆる》しを乞《こ》い、兵士《へいし》は剣《けん》を自《みずか》らの血《ち》で染《そ》めて果《は》てた…」

□ queen ［ク**ウィ**ーン］

名 女王《じょおう》、王《おう》ひ

scene **172** コインの裏《うら》表《おもて》で行《い》く人《ひと》を決《き》める！

□ toss [トース]

動 (こう貨《か》を) 投《な》げて決《き》める

They《ゼィ》 are《アー》 tossing《トースィング》 up《アップ》 coins《コインズ》.
かれらはコインを投《な》げ上《あ》げて決《き》めています。

✲ tossing《トースィング》はtoss《トース》のing《アィエンヂー》形《けい》

□ up [アップ]

副 上《うえ》へ[に]、上《あ》がって

行《い》くのは私《わたし》と毛利《もうり》さんと茂木《もぎ》ちゃんだね？
ピン

□ thumb [サム]

名 (手《て》の) 親指《おやゆび》

✲ 「足《あし》の親指《おやゆび》」はbig《ビッグ》 toe《トウ》

scene **173** ピアノを調《しら》べるコナンたち

ピアノの縁《ふち》に引《ひ》っかいたような真新《まあたら》しい傷《きず》がついてるな…
そいつは恐《おそ》らく鷹《たか》の爪痕《つめあと》だ…あの兄《にい》ちゃんもこの部屋《へや》に探《さぐ》りを入《い》れたってわけよ…
ピン ピン
あれれ?ピアノの鍵盤《けんばん》の間《あいだ》に何《なに》か挟《はさ》まってるよ!
ん——?
ズッ

□ between

[ビトゥ**ウィ**ーン]

前 **(2つ・2人《ふたり》の) 間《あいだ》に[で、の]**

between《ビトゥウィーン》 the《ザ》 keys《キーズ》
けんばんの間《あいだ》に

✲ key《キー》は「ピアノのけんばん」のこと

□ piano

[ピ**ア**ノゥ]

名 **ピアノ**

Can《キャン》 he《ヒー》 play《プレィ》 the《ザ》 piano《ピアノゥ》?
かれはピアノをひけますか?

□ paper

[**ペ**イパァ]

名 **紙《かみ》**

できるかな?

男《おとこ》の人《ひと》が音《おと》を出《だ》しているものは?

㋐ violin《ヴァイアリン》　㋑ piano《ピアノゥ》　㋒ guitar《ギター》

〈答《こた》えは2ページ後《あと》に〉

scene **174** 小《しょう》学《がく》生《せい》にはうれしい給食《きゅうしょく》だけど？

□ meal [ミール]

名 食《しょく》事《じ》

―ったくよ――…
高《こう》校《こう》生《せい》にもなって給《きゅう》食《しょく》とは…
泣《な》けてくるぜホント…

□ lunch [ランチ]

名 昼食《ちゅうしょく》

✲「朝食《ちょうしょく》」は breakfast《ブレックファスト》

We《ウィ》 have《ハヴ》 lunch《ランチ》 at《アット》 twelve《トゥウェルヴ》.
私《わたし》たちは 12 時《じ》に昼食《ちゅうしょく》を食《た》べます。

□ jam [ヂャム]

名 ジャム

strawberry《ストゥローベリィ》 jam《ヂャム》
いちごジャム

できるかな？

コナンが食《た》べているものは？

㋐ breakfast《ブレックファスト》 ㋑ lunch《ランチ》 ㋒ dinner《ディナア》

〈 答《こた》えは 2 ページ後《あと》に 〉

scene **175** 自信満々《じしんまんまん》のコナン！

□ right ［ライト］

形 右《みぎ》の

my《マィ》 right《ライト》 hand《ハンド》
私《わたし》の右手《みぎて》

□ left ［レフト］

形 左《ひだり》の

my《マィ》 left《レフト》 hand《ハンド》
私《わたし》の左手《ひだりて》

□ locker

［ラッカァ］

名 ロッカー

ただし今度《こんど》は左右《さゆう》の扉《とびら》を同時《どうじ》にね……
ガチャ
さ、左右《さゆう》同時《どうじ》に…？
な!?

188ページの答《こた》え　× ㋐violin《ヴァイアリン》 バイオリン　○ ㋑piano《ピアノゥ》 ピアノ　× ㋒guitar《ギター》 ギター

scene **176** 灰原《はいばら》がちょっと心配《しんぱい》…！

□ sick [スィック]

形 病気《びょうき》の

✲「健康《けんこう》な」は healthy《ヘルスィ》

a《ア》 sick《スィック》 child《チャイルド》
病気《びょうき》の子《こ》ども

□ shade [シェイド]

名 日《ひ》かげ

体温《たいおん》が高《たか》く
皮膚《ひふ》が乾《かわ》いて
汗《あせ》は止《と》まっている…
ハァ
ハァ
ハァ
さらに
瞳孔《どうこう》は収縮《しゅうしゅく》ぎみで
顔色《かおいろ》はピンク色《いろ》、
しかし脈拍《みゃくはく》は
大《おお》きくて速《はや》い…

□ swimsuit [スウィムスート]

名 (女性用《じょせいよう》の) 水着《みずぎ》

Haibara《ハイバラ》 is《イズ》 wearing《ウェ(ア)リング》 a《ア》 swimsuit《スウィムスート》.
灰原《はいばら》は水着《みずぎ》を着《き》ています。

✲ wearing《ウェ(ア)リング》 は wear《ウェア》 の ing《アィエンヂー》 形《けい》

189 ページの答《こた》え ✕ ㋐ breakfast《ブレックファスト》 朝食《ちょうしょく》 ○ ㋑ lunch《ランチ》 昼食《ちゅうしょく》 ✕ ㋒ dinner《ディナァ》 夕食《ゆうしょく》

scene **177** いきなりどなられているけれど！？

□ vacation ［ヴェイ**ケ**イション］

名 **休《きゅう》か、休《やす》み**

summer《サマァ》 vacation《ヴェイケイション》
夏休《なつやす》み

へ？
こんなボート持《も》ち出《だ》して、他《ほか》の客《きゃく》にぶつかったら大《おお》ケガだぞ!!

□ boat ［**ボ**ウト］

名 **ボート、小《こ》ぶね**

□ float ［フ**ロ**ウト］

動 **うく、うかぶ**

The《ザ》 boat《ボウト》 is《イズ》 floating《フロウティング》 on《アン》 the《ザ》 water《ウォータァ》.
ボートは水《みず》にうかんでいます。

＊ floating《フロウティング》 は float《フロウト》 の ing《アイエンヂー》 形《けい》

scene 178 すなおな気《き》持《も》ちがたいせつなんだ

□ pretty

［プリティ］

形 かわいらしい、きれいな

a《ア》 pretty《プリティ》 girl《ガール》
かわいらしい女《おんな》の子《こ》

□ sea

［スィー］

名 海《うみ》

✲ ふつう the《ザ》 をつけて the《ザ》 sea《スィー》 とする

I《アィ》 like《ライク》 to《トゥー》 swim《スウィム》 in《イン》 the《ザ》 sea《スィー》.
私《わたし》は海《うみ》で泳《およ》ぐのが好《す》きです。

□ beach ［ビーチ］

名 浜《はま》、海辺《うみべ》

見《み》つかってよかった！

□ castle ［キャスル］

名 城《しろ》

アタシの財布《さいふ》！
感謝《かんしゃ》しいや！きっとアンタがすぐに取《と》りに戻《もど》って来《く》る思《おも》て、警察《けいさつ》に届《とど》けんととっといてあげたんやから！

そうそうこれやこれ！

□ wallet ［ワリット］

名 さいふ、札入《さつい》れ

This《ズィス》 is《イズ》 my《マィ》 wallet《ワリット》.
これは私《わたし》のさいふです。

□ shop ［シャップ］

名 店《みせ》

scene **180** ねらわれたのは秀吉《ひでよし》のお宝《たから》!?

太閤秀吉《たいこうひでよし》が戦《いくさ》で手柄《てがら》挙《あ》げる度《たんび》に小《ち》っさいひょうたんを一個《いっこ》ずつ足《た》してってできたっちゅう金色《こんじき》の馬印《うまじるし》…
千成《せんな》り瓢箪《びょうたん》を!!!

□ **big** [ビッグ]

形 (形《かたち》・規模《きぼ》が)大《おお》きい

□ **many** [メニィ]

形 多数《たすう》の、(数《かず》が)たくさんの

many《メニィ》 books《ブックス》
たくさんの本《ほん》

□ **small** [スモール]

形 (形《かたち》・規模《きぼ》が)小《ちい》さい

a《ア》 small《スモール》 box《バックス》
小《ちい》さな箱《はこ》

scene **181** ちょっと変《か》わった外国人《がいこくじん》のおじさん！?

□ lion ［ライアン］

名 （おすの）ライオン

どーしてもこれが欲《ほ》しくてね♡
だから日本《にっぽん》に来《き》たんです！
The Animal show with Paul & Annie

あ、それわたし達《たち》も買《か》ったよ！
でもそのストラップ、世界中《せかいじゅう》で大人気《だいにんき》って売《う》り文句《もんく》だったからわざわざ日本《こっち》で買《か》わなくても…

□ show ［ショウ］

動 （～を）見《み》せる

Please《プリーズ》 show《ショウ》 me《ミー》 the《ザ》 picture《ピクチャア》.
私《わたし》にその写真《しゃしん》を見《み》せてください。

□ popular ［パピュラァ］

形 人気《にんき》のある

a《ア》 popular《パピュラァ》 sport《スポート》
人気《にんき》のあるスポーツ

できるかな？

ストラップの先《さき》についているものは？

㋐ lion《ライアン》　㋑ onion《アニャン》　㋒ apple《アプル》

〈答《こた》えは2ページ後《あと》に〉

scene **182** まちがえて連《つ》れてきてしまったらしい！

□ radio ［レイディオゥ］

名 ラジオ（放《ほう》送《そう》）

なんでランディ・ホークがラジオの生番組《なまばんぐみ》に出《で》てんだよ!?
これからーもポールとアニー、そしてこのランディをヨロシークねー♡
じゃ、じゃあ何《なん》なんだおまえは!?
だから言《い》いました…人違《ひとちが》いだと…
くそっ！なんてこった!!
おい、どーすんだ？そいつには俺達《おれたち》の顔《かお》見《み》られちまってるぜ？

□ jaw

［ヂョー］

名 あご（全《ぜん》体《たい》）

✲「あごの先《せん》たん」は chin《チン》

□ listen ［リスン］

動（注意《ちゅうい》して）聞《き》く、耳《みみ》をかたむける

The《ザ》 man《マン》 is《イズ》 listening《リスニング》 to《トゥー》 the《ザ》 radio《レイディオゥ》.
男《おとこ》の人《ひと》はラジオを聞《き》いています。

✲ listening《リスニング》は listen《リスン》の ing《アィエンヂー》形《けい》

183 作《つく》りかけのバレンタインチョコを見《み》て、コナンは？

□ heart ［ハート］

名 ハート形《がた》の物《もの》

□ bowl ［ボウル］

名 どんぶり、ボウル

□ chocolate ［チョーカラット］

名 チョコレート

a《ア》 chocolate《チョーカラット》 cake《ケイク》
チョコレートケーキ

196ページの答《こた》え　○ ㋐ lion《ライアン》 ライオン　× ㋑ onion《アニャン》 玉《たま》ねぎ　× ㋒ apple《アプル》 りんご

scene 184 車《くるま》の中《なか》でテスト勉強中《べんきょうちゅう》！

□ vest ［ヴェスト］

名 チョッキ、ベスト

どうしたの？
蘭姉《らんねえ》ちゃん！
え？
ここにシワ寄《よ》せて怖《こわ》い顔《かお》してたよ…
あ、ちょっと答《こた》えを思《おも》い出《だ》せない問題《もんだい》があってね…

□ study ［スタディ］

動 (～を) 勉強《べんきょう》する

Ran《ラン》 is《イズ》 studying《スタディイング》 Japanese《ヂャパニーズ》 history《ヒスタリィ》.
蘭《らん》は日本史《にほんし》を勉強《べんきょう》しています。

✲ studying《スタディイング》は study《スタディ》の ing《アイエンヂー》 形《けい》

えーっと…
院政期《いんせいき》、藤原清衡《ふじわらきよひら》が…
日本史

□ history ［ヒスタリィ］

名 歴史《れきし》

Japanese《ヂャパニーズ》 history《ヒスタリィ》
日本史《にほんし》

できるかな？

蘭《らん》は何《なに》をしている？

㋐ sing《スィング》　㋑ swim《スウィム》　㋒ study《スタディ》

〈答《こた》えは2ページ後《あと》に〉

scene 185 事件《じけん》の予感《よかん》がする…！

奇妙《きみょう》な贈《おく》り物《もの》？
三日前《みっかまえ》にこの劇団宛《げきだんあて》に贈《おく》り物《もの》が届《とど》いたのよ！

金色《きんいろ》のスプレーでコーティングされた林檎《りんご》が…
動物《どうぶつ》の血《ち》で書《か》かれた「最《もっと》も美《うつく》しい女性《ひと》へ」っていうメッセージと共《とも》にね…
For the Fairest

☐ **in** [イン]

前 (〜の) 中《なか》に [で、の]

in《イン》 the《ザ》 box《バックス》
箱《はこ》の中《なか》に

☐ **apple**

[アプル]

名 りんご

☐ **gift** [ギフト]

名 おくり物《もの》

scene **186** すてきなぶとう会《かい》!!

□ fan [ファン]

名 うちわ、せんす

わーステキ♡
でしょでしょ?
こんな豪華《ごうか》な舞踏会《ぶとうかい》日本《にっぽん》じゃ観《み》られないわよ!

□ dance [ダンス]

動 おどる

They《ゼィ》 can《キャン》 dance《ダンス》 well《ウェル》.
かれらは上手《じょうず》におどれます。

□ dancer [ダンサァ]

名 ダンサー、おどる人《ひと》

187 そんなに笑《わら》わないでよ〜

ワハハハ
新出医院
内科
外科

今時《いまどき》座敷《ざしき》わらしなんかいるわけねーじゃねーか!
だって…

□ daughter

［ドータァ］

名 むすめ

✲「息子《むすこ》」は son《サン》

Do《ドゥー》 you《ユー》 have《ハヴ》 a《ア》 daughter《ドータァ》?
あなたにはむすめがいますか?

□ doctor

［ダクタァ］

名 医者《いしゃ》、医師《いし》

✲「看護師《かんごし》」は nurse《ナース》

□ father

［ファーザァ］

名 父親《ちちおや》、お父《とう》さん

✲「母親《ははおや》」は mother《マザァ》

できるかな?

蘭《らん》は小五郎《こごろう》の?

㋐ son《サン》　㋑ daughter《ドータァ》　㋒ aunt《アント》

〈答《こた》えは2ページ後《あと》に〉

188 こわがって見《み》せるコナンだけど！？

□ ghost ［ゴウスト］

名 ゆうれい、お化《ば》け

お化《ば》けだよ
お化《ば》け！
早《はや》く
ここから
出《で》てけえ…
………

□ ear ［イァ］

名 耳《みみ》

my《マィ》 right《ライト》 ear《イア》
私《わたし》の右耳《みぎみみ》

□ scary ［スケ(ァ)リィ］

形 おそろしい

a《ア》 scary《スケ(ァ)リィ》 ghost《ゴウスト》
おそろしいお化《ば》け

189 ラジオ体操《たいそう》には、ちょっとノレなくて…

おい！真面目《まじめ》にやれよな！
ラジオ体操《たいそう》は大切《たいせつ》な夏《なつ》の風物詩《ふうぶつし》の一《ひと》つなんだよ！
夏《なつ》の風物詩《ふうぶつし》ねえ…

□ raise ［レイズ］

動 (〜を) 上《あ》げる

Raise《レイズ》 your《ユア》 arms《アームズ》.
うでを上《あ》げてください。

□ arm ［アーム］

名 うで

□ exercise ［エクサァサイズ］

名 運動《うんどう》、体操《たいそう》

I《アィ》 do《ドゥー》 exercise《エクサァサイズ》 every《エヴリィ》 day《デイ》.
私《わたし》は毎日運動《まいにちうんどう》をします。

202ページの答《こた》え　✕ ㋐ son《サン》 息子《むすこ》　〇 ㋑ daughter《ドータァ》 むすめ　✕ ㋒ aunt《アント》 おば

scene 190 光彦《みつひこ》のゆくえを探《さが》すコナンたち

□ **flower shop** [フラウァ シャップ]

名 花屋《はなや》

ああ…
一年生《いちねんせい》の円谷《つぶらや》光彦君《みつひこくん》ね!
Flower Shop FUJIWARA

今日《きょう》は来《き》てないみたいだけど…
朝《あさ》6時《じ》半頃《はんごろ》とかも?

□ **florist** [フローリスト]

名 花屋《はなや》(の主人《しゅじん》)

I《アィ》 want《ワント》 to《トゥー》 be《ビー》 a《ア》 florist《フローリスト》.
私《わたし》は花屋《はなや》になりたいです。

□ **plant** [プラント]

名 植物《しょくぶつ》

コナンたちが訪《おとず》れているのは?

㋐ flower《フラウァ》 shop《シャップ》 ㋑ department《ディパートゥマント》 store《ストァ》 ㋒ gym《ヂム》

〈答《こた》えは2ページ後《あと》に〉

scene **191** ヒントをたよりに、遠《とお》くまで来《き》たけど！？

□ station

［ステイション］

名 （鉄道《てつどう》の）駅《えき》

え？
レモンの香《かお》りをさせた男《おとこ》の子《こ》？
TR
米花駅
BEIKA STATION

レモンの香《かお》りと帽子《ぼうし》とデイパックでなんとかここまでたどり着《つ》いたが…
もう陽《ひ》が暮《く》れてきちゃったね…

□ cloud

［クラウド］

名 雲《くも》

a《ア》 cloud《クラウド》 in《イン》 the《ザ》 sky《スカイ》
空《そら》の雲《くも》

□ sun ［サン］

名 太陽《たいよう》

✲ ふつう the《ザ》 をつけて the《ザ》 sun《サン》 とする

scene **192** せまいところでも入《はい》れるよ！

□ elevator

［エラヴェイタァ］

名 エレベーター

子供《こども》なら入《はい》れるでしょ？
コ、コナン君《くん》!?

繰《く》り返《かえ》します！
依然《いぜん》、少女《しょうじょ》は突然《とつぜん》止《と》まったエレベーターに取《と》り残《のこ》されたままになっております！

□ news ［ヌーズ］

名 (新聞《しんぶん》・放送《ほうそう》などの) ニュース

They《ゼィ》 are《アー》 watching《ワッチィング》 the《ザ》 news《ヌーズ》 on《アン》 TV《ティーヴィー》.
かれらはテレビでニュースを見《み》ています。

✲ watching《ワッチィング》 は watch《ワッチ》 の ing《アィエンヂー》 形《けい》

□ reporter

［リポータァ］

名 報道記者《ほうどうきしゃ》、レポーター

205ページの答《こた》え　○ ㋐flower《フラウァ》 shop《シャップ》 花屋《はなや》　✕ ㋑department《ディパートゥマント》 store《ストァ》 デパート　✕ ㋒gym《ヂム》 体育館《たいいくかん》

scene **193** 小五郎《こごろう》、テレビ出演中《しゅつえんちゅう》！

□ **staff** [スタッフ]

名 **スタッフ、職員《しょくいん》**

the《ザ》 staff《スタッフ》 of《アヴ》 a《ア》 TV《ティーヴィー》 station《ステイション》
テレビ局《きょく》の職員《しょくいん》

□ **great** [グレイト]

形 **優《すぐ》れた、すばらしい**

Great!《グレイト》
すばらしい！

素晴《すば》らしい!!
毛利《もうり》さん バッチリ OK《オーケー》だよ!!
いやぁ ハッハッ ハッ!!

はーい カット!!

□ **camera** [キャマラ]

名 **カメラ**

scene 194 この箱《はこ》の中《なか》に証《しょう》この品《しな》がある!?

□ screwdriver [スクルードゥライヴァ]

名 ねじ回《まわ》し

✲「ねじ」は screw《スクルー》

□ hammer [ハマァ]

名 金《かな》づち

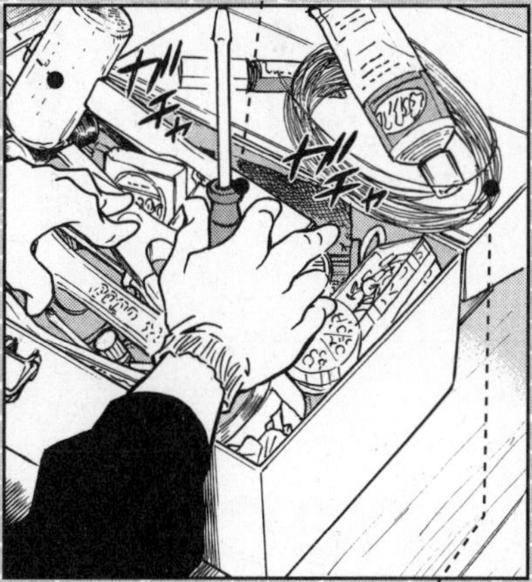
ガチャ
ガチャ

こらボウズ、何《なに》やってんだ!?
だってこの道具箱《どうぐばこ》もゴルフの手袋《てぶくろ》やコートと一緒《いっしょ》にこの部屋《へや》に置《お》きっ放《ぱな》しになってたんでしょ?

□ wire [ワイア]

名 針金《はりがね》

scene 195 何《なに》かが録画《ろくが》されている!?

そう思《おも》わせるのが彼《かれ》の狙《ねら》いだったかもしれませんな…わざわざ本人《ほんにん》がそんな事《こと》をするわけないという心理《しんり》を逆手《さかて》に取《と》って!
あ、なるほど…
まあ、もう一度《いちど》大神選手《おおがみせんしゅ》をここへ呼《よ》んで問《と》いただせば、白状《はくじょう》してくれますよ!
彼《かれ》はそんなに悪《わる》い人間《にんげん》じゃなさそうですから…
あれれ〜!!

□ mustache

[マスタッシュ]

名 口《くち》ひげ

□ check

[チェック]

動 (正《ただ》しいか、安全《あんぜん》か)(〜を)調《しら》べる

I《アィ》 will《ウィル》 check《チェック》 my《マイ》 schedule《スケヂュール》.
私《わたし》のスケジュールを調《しら》べてみます。

□ jacket [ヂャキット]

名 ジャケット

Kogoro《コゴロウ》 is《イズ》 wearing《ウェ(ア)リング》 a《ア》 jacket《ヂャキット》.
小五郎《こごろう》はジャケットを着《き》ています。

✲ wearing《ウェ(ア)リング》は wear《ウェア》の ing《アィエンヂー》 形《けい》

scene **196** 悪者《わるもの》をやっつけたのは…！?

□ feet ［フィート］

名 foot《フット》（足《あし》）の複数形《ふくすうけい》

small feet《スモール フィート》
小《ちい》さな足《あし》

サッカーボール？
だ、
誰《だれ》なん？
ミャー

□ cat ［キャット］

名 ねこ

□ bad ［バッド］

形 悪《わる》い

a bad man《ア バッド マン》
悪《わる》い男《おとこ》の人《ひと》

scene **197** 和葉《かずは》がカンカン！

□ **rice bowl**
[ライス ボウル]
名 茶《ちゃ》わん

□ **dinner**
[ディナァ]
名 夕食《ゆうしょく》

Let's《レッツ》 have《ハヴ》 dinner《ディナァ》 together《タゲザァ》.
いっしょに夕食《ゆうしょく》を食《た》べましょう。

□ **food** [フード]
名 食物《しょくもつ》、食料《しょくりょう》

せっかくアタシらが夜《よる》ゴハン作《つく》ったのに、
もう冷《さ》めてしもてるやん!!

今《いま》、どこにいてんの!?
探偵《たんてい》の依頼《いらい》受《う》けとった、諸角《もろずみ》さんの家《いえ》や…

できるかな？

和葉《かずは》たちが作《つく》ったのは？

㋐ doll《ダール》 ㋑ dinner《ディナァ》 ㋒ dress《ドゥレス》

〈答《こた》えは2ページ後《あと》に〉

ねばって値切《ねぎ》る平次《へいじ》だけど？

せっかくあんたを元気《げんき》づけたろ思《おも》て買《か》いに来《き》たったんやで？
で、でもその時計《とけい》は有名《ゆうめい》な細工師《さいくし》の…
平次《へいじ》、早《は》よせな帰《かえ》りの飛行機《ひこうき》に間《ま》に合《あ》わへんよ！
ほんならもう500円《えん》！頼《たの》むわオッチャン！

□ please
［プリーズ］

副 どうぞ、どうか（～してください）

□ store
［ストァ］

名 店《みせ》

□ shopping
［シャッピング］

名 買《か》い物《もの》

Please《プリーズ》 go《ゴウ》 shopping《シャッピング》 with《ウィズ》 me《ミー》.
どうぞ私《わたし》と買《か》い物《もの》に行《い》ってください。

scene **199** こんなにいい場所《ばしょ》があるなんて！

□ fireworks ［ファイァワークス］

名 花火《はなび》

They《ゼィ》 are《アー》 watching《ワッチィング》 the《ザ》 fireworks《ファイァワークス》.
かれらは花火《はなび》を見《み》ています。

✲ watching《ワッチィング》 は watch《ワッチ》 の ing《アィエンヂー》 形《けい》

花火《はなび》を見《み》るには絶好《ぜっこう》の場所《ばしょ》じゃのォー！
ええ…
4年前《ねんまえ》、ここでキャンプした時《とき》に偶然《ぐうぜん》見《み》つけたんです…

□ tire

［タイァ］

名 タイヤ

□ summer

［サマァ］

名 夏《なつ》

212ページの答《こた》え　✕ ㋐ doll《ダール》 人形《にんぎょう》　○ ㋑ dinner《ディナァ》 夕食《ゆうしょく》　✕ ㋒ dress《ドゥレス》 ドレス

scene **200** 誤《あやま》って自転車《じてんしゃ》で落《お》ちたのか!?

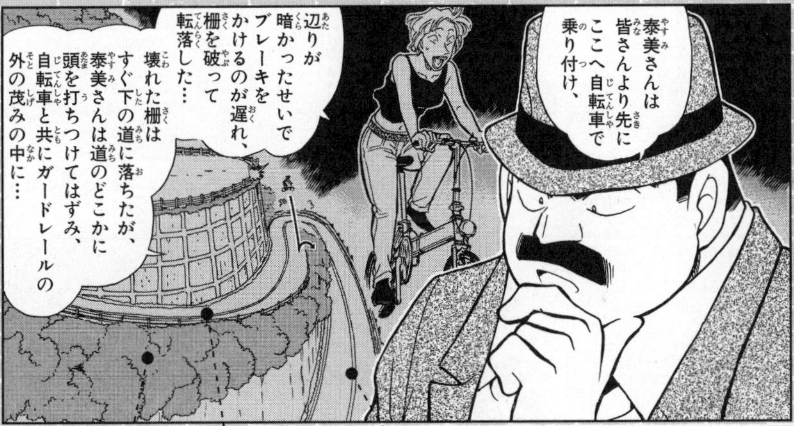
泰美《やすみ》さんは皆《みな》さんより先《さき》にここへ自転車《じてんしゃ》で乗《の》り付《つ》け、
辺《あた》りが暗《くら》かったせいでブレーキをかけるのが遅《おく》れ、柵《さく》を破《やぶ》って転落《てんらく》した…
壊《こわ》れた柵《さく》はすぐ下《した》の道《みち》に落《お》ちたが、泰美《やすみ》さんは道《みち》のどこかに頭《あたま》を打《う》ちつけてはずみ、自転車《じてんしゃ》と共《とも》にガードレールの外《そと》の茂《しげ》みの中《なか》に…

□ hill [ヒル]

名 おか

□ road [ロウド]

名 道路《どうろ》

□ slope [スロウプ]

名 坂《さか》、しゃ面《めん》、スロープ

a《ア》 gentle《ヂェントゥル》 slope《スロウプ》
なだらかな坂《さか》

201 少年探偵団《しょうねんたんていだん》とテーマパークで！?

□ hippopotamus

［ヒパ**パ**タマス］

名 **かば**

✲ 短《みじか》く hippo《ヒッポゥ》 ともいう

ザアアア
ブオオオ
ハハハ…
おーい！
高木《たかぎ》刑事《けいじ》〜♡

□ dolphin

［**ダ**ルフィン］

名 **いるか**

□ crocodile

［ク**ラ**カダイル］

名 **クロコダイル、わに**

歩美《あゆみ》はハロウィーンを想像《そうぞう》した

□ America ［アメリカ］

名 アメリカ（合衆国《がっしゅうこく》）、米国《べいこく》

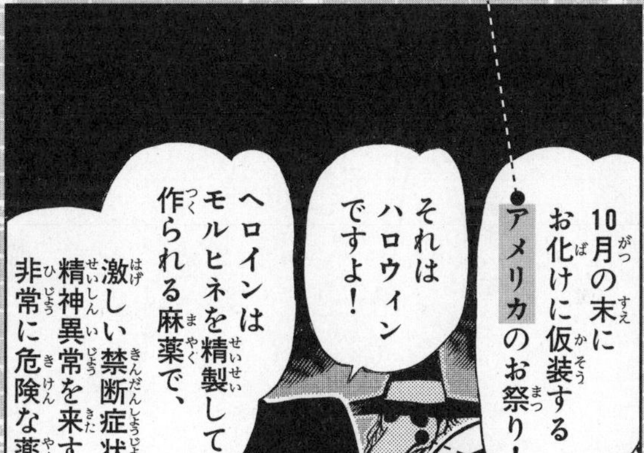

10月《がつ》の末《すえ》にお化《ば》けに仮装《かそう》するアメリカのお祭《まつ》り！
それはハロウィンですよ！
ヘロインはモルヒネを精製《せいせい》して作《つく》られる麻薬《まやく》で、
激《はげ》しい禁断症状《きんだんしょうじょう》から精神異常《せいしんいじょう》を来《きた》す非常《ひじょう》に危険《きけん》な薬物《やくぶつ》…

□ Halloween ［ハロウイーン］

名 ハロウィーン

＊ 10月《がつ》31日《にち》の夜《よる》に、仮装《かそう》した子《こ》どもたちが近所《きんじょ》を回《まわ》る

□ festival ［フェスタヴァル］

名 祭《まつ》り、祭日《さいじつ》

scene 203 少年探偵団《しょうねんたんていだん》が、動物園《どうぶつえん》でそう査中《さちゅう》!

□ animal

［アニマル］

名 動物《どうぶつ》

□ zoo ［ズー］

名 動物園《どうぶつえん》

Many《メニィ》 people《ピープル》 visit《ヴィズィット》 the《ザ》 zoo《ズー》.
多《おお》くの人《ひと》がその動物園《どうぶつえん》を訪《おとず》れます。

東都動物園
おい、よーく捜《さが》せよ!!
ええ! この中《なか》に必《かなら》ずいるはずですから!!
博士《はかせ》の初恋《はっこい》の人《ひと》がね!!

□ panda ［パンダ］

名 パンダ

できるかな?

看板《かんばん》についている動物《どうぶつ》は象《ぞう》と何《なに》?

㋐ lion《ライアン》 ㋑ zebra《ズィーブラ》 ㋒ panda《パンダ》

〈答《こた》えは2ページ後《あと》に〉

scene 204 歩美《あゆみ》と光彦《みつひこ》の名推理《めいすいり》！？

□ gentle ［ヂェントゥル］

形 (人《ひと》が) 優《やさ》しい

a《ア》 gentle《ヂェントゥル》 person《パースン》
優《やさ》しい人《ひと》

□ ribbon ［リバン］

名 リボン

ハムスターだ!!
じゃあ、博士《はかせ》が彼女《かのじょ》とよく見《み》に行《い》ったハムスターを飼《か》ってる蝶野《ちょうの》さんっていう家《いえ》が待《ま》ち合《あ》わせ場所《ばしょ》ですね!!

□ hamster ［ハムスタァ］

名 ハムスター

I《アィ》 have《ハヴ》 a《ア》 hamster《ハムスタァ》.
私《わたし》はハムスターを飼《か》っています。

scene **205** 阿《あ》笠《がさ》博《はか》士《せ》の初《はつ》こいの人《ひと》が…！？

□ tree ［トゥリー］

名 木《き》、樹《じゅ》木《もく》

□ leaf ［リーフ］

名 葉《は》

＊ 複数形《ふくすうけい》（2枚《まい》以《い》上《じょう》）は leaves《リーヴズ》

□ autumn ［オータム］

名 秋《あき》

in《イン》 autumn《オータム》
秋《あき》に

218ページの答《こた》え　✕ ㋐ lion《ライアン》 ライオン　✕ ㋑ zebra《ズィーブラ》 しま馬《うま》　○ ㋒ panda《パンダ》 パンダ

206 今日《きょう》はごうかなディナー！

□ restaurant ［レスタラント］

名 **レストラン**

a《ア》 French《フレンチ》 restaurant《レスタラント》
フランス料理《りょうり》のレストラン

帆立貝《ほたてがい》のラヴィオリ仕立《じた》て。
コトッ
ブロッコリーのピュレ添《ぞ》えでございます……

わ――すごくおいし――い！
さすが三《み》つ星《ぼし》のフランスレストランだね！
あ、ボーイさ――ん！

□ dish ［ディッシュ］

名 **料理《りょうり》**

✲ dish《ディッシュ》には「皿《さら》」という意味《いみ》もある

□ delicious ［ディリシャス］

形 **とてもおいしい**

a《ア》 delicious《ディリシャス》 dish《ディッシュ》
とてもおいしい料理《りょうり》

scene **207** 新一《しんいち》の母《はは》と蘭《らん》の母《はは》、久々《ひさびさ》の再会《さいかい》！

もォ〜〜
有希《ゆき》ちゃん
久《ひさ》し振《ぶ》り
〜〜〜♡
うん
うん！
元気《げんき》
してた〜？

□ **best friend**

［ベスト フレンド］

名 親友《しんゆう》

□ **hold** ［ホウルド］

動 (〜を) 手《て》に持《も》っている、にぎっている

Hold《ホウルド》 my《マイ》 hands《ハンヅ》.

私《わたし》の手《て》をにぎってください。

□ **lady**

［レイディ］

名 しゅく女《じょ》、女《おんな》の人《ひと》

scene **208** ジョディ先生《せんせい》の気配《きくば》り！

□ kind ［カインド］

形 **親切《しんせつ》な、優《やさ》しい**

a《ア》 kind《カインド》 woman《ウマン》
親切《しんせつ》な女《おんな》の人《ひと》

フルーツいっぱいいっぱい切《き》りました――!!
風邪《かぜ》にはビタミンC《シー》が一番《いちばん》ですよー!!

□ healthy ［ヘルスィ］

形 **健康《けんこう》な、健康《けんこう》によい**

✲「病気《びょうき》の」はsick《スィック》

a《ア》 healthy《ヘルスィ》 child《チャイルド》
健康《けんこう》な子《こ》ども

□ fruit ［フルート］

名 **果物《くだもの》、果実《かじつ》**

できるかな？

ジョディ先生《せんせい》がたくさん切《き》ってくれたものは？

㋐ meat《ミート》 ㋑ fish《フィッシュ》 ㋒ fruit《フルート》

〈答《こた》えは233ページに〉

ここまでは理解《りかい》できたかな？　おさらいクイズで確認《かくにん》してみよう！

飛行機内《ひこうきない》で トラブルの予感《よかん》…

まんがを読《よ》んで、
右《みぎ》ページのクイズに
ちょう戦《せん》しよう。

〈答《こた》えは231ページに〉

ゴオオオオオ
あの――すみません…
タバコ止《や》めてくれませんか？
そこは禁煙席《きんえんせき》です…
ふあ…
ほかの方《かた》にも迷惑《めいわく》になりますし…
吸《す》うんなら後《うし》ろの喫煙席《きつえんせき》で…
鵜飼恒夫《うかいつねお》(47)
会社員《かいしゃいん》

A

Q 1

飛行機《ひこうき》が空《そら》を飛《と》んでいるね。
「飛《と》ぶ」は次《つぎ》のうちのどれ？

❶ drive《ドゥライヴ》 ❷ come《カム》 ❸ fly《フライ》

Q 2

蘭《らん》は毛布《もうふ》をかけてねむっていたね。
「毛布《もうふ》」は英語《えいご》で何《なん》という？

❶ carpet《カーピット》 ❷ blanket《ブランキット》 ❸ T-shirt《ティーシャート》

「ウェイク」と
発音《はつおん》するよ。

Q 3

蘭《らん》は目《め》を覚《さ》ましたね。
「目《め》が覚《さ》める」を英語《えいご》で書《か》くとき、
□に入《はい》るアルファベットは何《なに》？

w□ke

❶ b ❷ a ❸ u

Q 4

A で男性《だんせい》が、何《なに》かをくわえて吸《す》っている
様子《ようす》を smoke《スモウク》 というよ。日本語《にほんご》でいうと何《なに》？

❶ 食《た》べる ❷ 飲《の》む ❸ たばこを吸《す》う

scene 103 → 208 ★ クイズでチェック！ その2

有名《ゆうめい》な神社《じんじゃ》にやって来《き》た
コナンたちは!?

まんがを読《よ》んで、
右《みぎ》ページのクイズに
ちょう戦《せん》しよう。

〈答《こた》えは231ページに〉

へ——…
——明治神宮《めいじじんぐう》——
ここも結構《けっこう》人《ひと》おんな——!
6月《がつ》はジューンブライド…
いろいろ願《ねが》い事《ごと》でもあるんだろーよ…
チャリチャリン
和葉《かずは》! おまえも足細《あしほそ》なるよーにて拝《おが》んどけよ!
うるさいわアホ!
なんだ蘭《らん》、英理《えり》の奴《やつ》にもらった服《ふく》脱《ぬ》いじまったのか?
うん! なんか汗《あせ》かいちゃったから…
蘭《らん》ちゃんゴメンな…
いーのいーの…
ん?

Q 1

神社《じんじゃ》の境内《けいだい》には tree《トゥリー》があるね。
日本語《にほんご》でいうと何《なに》？

❶ 木《き》 ❷ 花《はな》 ❸ 竹《たけ》

Q 2

小五郎《こごろう》がジャケットの下《した》に着《き》ているものは
次《つぎ》のうちのどれ？

❶ coat《コウト》 ❷ shirt《シャート》 ❸ ring《リング》

Q 3

平次《へいじ》がおさい銭《せん》を入《い》れているよ。
おさい銭《せん》に使《つか》うものは次《つぎ》のうちのどれ？

❶ pencil《ペンサル》 ❷ ball《ボール》
❸ coin《コイン》

ふつう、おさいふに入《い》れて持《も》ち歩《ある》くよね。

Q 4

和葉《かずは》が蘭《らん》に謝《あやま》っているね。
「すまなく思《おも》って」を英語《えいご》で書《か》くとき、
□に入《はい》るアルファベットは何《なに》？

sor□y

❶ r ❷ x ❸ e

阿笠博士《あがさはかせ》の
初《はつ》こいの思《おも》い出《で》！

まんがを読《よ》んで、
右《みぎ》ページのクイズに
ちょう戦《せん》しよう。

〈答《こた》えは231ページに〉

目深《まぶか》にかぶった帽子《ぼうし》の下《した》からクリクリっとした瞳《ひとみ》をのぞかせる可愛《かわい》い子《こ》でのォ…
どうやら、犬《いぬ》が吠《ほ》えて怖《こわ》いから、その道《みち》が通《とお》れない様子《ようす》じゃったよ…
まぁ、そこは近所《きんじょ》で有名《ゆうめい》な大型犬《おおがたけん》を飼《か》っている、野井《のい》さんって家《いえ》じゃったから仕方《しかた》ないが…
ワシの背中《せなか》に隠《かく》れながら通《とお》るその子《こ》があまりにも怯《おび》えていたんでワケを聞《き》いてみたら…
A
B
小《ちい》さい頃《ころ》に飼《か》い犬《いぬ》に噛《か》まれて、それ以来《いらい》動物嫌《どうぶつぎら》いになってしまったと言《い》っておったよ…
へーーー…
それでな、それはかわいそうじゃと思《おも》って、ハムスターを飼《か》っている知《し》り合《あ》いの蝶野《ちょうの》さんの家《いえ》に連《つ》れて行《い》ったんじゃ！
最初《さいしょ》はビクついていたんじゃが、日《ひ》を重《かさ》ねるごとに慣《な》れて来《き》たようで…
二《に》か月《げつ》たったら、すっかり動物好《どうぶつず》きになっておったよ…
野井《のい》さんの家《いえ》の前《まえ》も笑《わら》って通《とお》れるぐらいにな！
じゃあ博士《はかせ》とその子《こ》、毎日一緒《まいにちいっしょ》に学校《がっこう》に通《かよ》ってたんだね！
あ、ああ、まぁ…その秋《あき》の間《あいだ》だけじゃったがな…
え？

Q 1

A で女《おんな》の子《こ》がかぶっているものを hat《ハット》 というよ。日本語《にほんご》でいうと何《なに》？

❶ リボン	❷ ヘルメット	❸ ぼうし

Q 2

A の女《おんな》の子《こ》の目《め》は大《おお》きいね。
「大《おお》きい」を英語《えいご》で書《か》くとき、
□ に入《はい》るアルファベットは何《なに》？

bi□

❶ g	❷ a	❸ o

Q 3

B で少年時代《しょうねんじだい》の阿笠博士《あがさはかせ》が
女《おんな》の子《こ》を守《まも》っているよ。
何《なん》の動物《どうぶつ》から守《まも》っている？

❶ dog《ドーグ》	❷ pig《ピッグ》	❸ cat《キャット》

鳴《な》き声《ごえ》は、
英語《えいご》で bowwow《バウワウ》
と言《い》うよ。

Q 4

歩美《あゆみ》が着《き》ている毛糸《けいと》の服《ふく》のことを、
英語《えいご》で何《なん》という？

❶ T-shirt《ティーシャート》	❷ sweater《スウェタァ》	❸ pants《パンツ》

初《はつ》こいの人《ひと》が、今日《きょう》動物園《どうぶつえん》に来《き》ているはず!?

まんがを読《よ》んで、右《みぎ》ページのクイズにちょう戦《せん》しよう。

〈答《こた》えは231ページに〉

A

おい、よーく捜《さが》せよ!!
東都動物園
ええ!この中《なか》に必《かなら》ずいるはずですから!!
博士《はかせ》の初恋《はっこい》の人《ひと》がね!!
ぜーったいゲットするぞーー!!
オーー!!
こ、これ!
ワシは何《なに》も初恋《はっこい》の人《ひと》と言《い》ったわけじゃ…
バレバレよ…
でもよー…最初《さいしょ》の4163は百歩譲《ひゃっぽゆず》って与一郎《よいちろう》さんとしても…
その次《つぎ》の33と6と0の関係《かんけい》が…
阿笠くんへ
4163 33 6 0
やっぱ、かわいいよなパンダ…
ええ!
一匹欲《いっぴきほ》しいなー…
おい、コラ…

Q 1

動物園《どうぶつえん》には、**A** のような
たてがみのある動物《どうぶつ》がいるね。
この動物《どうぶつ》を英語《えいご》で何《なん》という？

「百《ひゃく》じゅうの王《おう》」と
呼《よ》ばれてい
るんだ。

❶ cow《カウ》	❷ lion《ライアン》	❸ cat《キャット》

Q 2

少年探偵団《しょうねんたんていだん》のみんなは children《チルドゥラン》だよ。
日本語《にほんご》でいうと何《なに》？

❶ 子《こ》どもたち	❷ 男《おとこ》の子《こ》たち	❸ 友《とも》達《だち》

Q 3

パンダはかわいらしい動物《どうぶつ》だね。
「かわいらしい」を英語《えいご》で書《か》くとき、
□に入《はい》るアルファベットは何《なに》？

c□te

❶ u	❷ f	❸ n

scene 103→208 ★ クイズでチェック！の答《こた》え

その1	Q1 ❸	Q2 ❷	Q3 ❷	Q4 ❸
その2	Q1 ❶	Q2 ❷	Q3 ❸	Q4 ❶
その3	Q1 ❸	Q2 ❶	Q3 ❶	Q4 ❷
その4	Q1 ❷	Q2 ❶	Q3 ❶	

scene **209** ファストフードで腹《はら》ごしらえ！

□ hamburger

［ハンバーガァ］

名 **ハンバーガー**

I《アィ》 want《ワント》 to《トゥー》 eat《イート》 a《ア》 hamburger《ハンバーガァ》.
私《わたし》はハンバーガーを食《た》べたい。

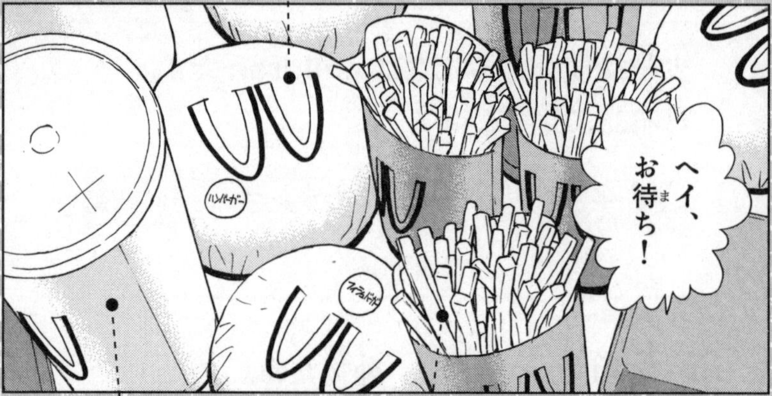
ハンバーガー
ヘイ、お待《ま》ち！

よかったらボウズ達《たち》も食《た》べるか？
あ、いいよ別《べっ》に…

□ shake ［シェイク］

名 **ミルクシェイク**

□ French fries

［フレンチ フライズ］

名 **フライドポテト**

scene **210** いろいろなものがぬすまれた…

□ CD ［スィーディー］

名 **シーディー、コンパクトディスク**

He《ヒー》 is《イズ》 listening《リスニング》 to《トゥー》 a《ア》 CD《スィーディー》.
かれはシーディーをきいています。

✲ listening《リスニング》 は listen《リスン》 の ing《アイエンヂー》 形《けい》

ちなみに―…
取《と》られた商品《しょうひん》は何《なん》なんですかー?
いっぱいあるよ…

ゲームソフトにDVD《ディーブイディー》にCD《シーディー》…
弁当《べんとう》におにぎりにミネラルウォーターにウーロン茶《ちゃ》、コーラ!
チョコレートなどのお菓子類《かしるい》多数《たすう》……

□ mineral water

［ミナラル ウォータァ］

名 **ミネラルウォーター**

I《アィ》 want《ワント》 to《トゥー》 drink《ドゥリンク》 mineral《ミナラル》 water《ウォータァ》.
私《わたし》はミネラルウォーターを飲《の》みたい。

□ DVD

［ディーヴィーディー］

名 **ディーブイディー**

scene **211** 赤《あか》井《い》秀《しゅう》一《いち》が追《お》いつめる！

□ hurt ［ハート］

動 （～を）傷《きず》つける、（～に）けがをさせる

Don't《ドウント》 hurt《ハート》 her《ハァ》 face《フェイス》.
かのじょの顔《かお》を傷《きず》つけないで。

ダメよ秀一《シュウ》！
殺《ころ》しちゃ…
安心《あんしん》しろ…防弾着《ぼうだんジャケット》やパッドを重《かさ》ねて体中《からだじゅう》に装着《そうちゃく》している事《こと》ぐらい、奴《やつ》の動《うご》きでわかる…
アバラは二《に》、三本《さんぼん》折《お》れただろうがな…
それより見《み》ろ！散弾《さんだん》で裂《さ》けた奴《やつ》の顔《かお》を…
ハァ
ハァ
やはり、あれがあの女《おんな》の変装《へんそう》なしの素顔《すがお》ってわけだ…
ダッ

□ move ［ムーヴ］

動 動《うご》く、移動《いどう》する

She《シィ》 is《イズ》 moving《ムーヴィング》 quickly《クウィックリィ》.
かのじょは速《はや》く動《うご》いています。

✲ moving《ムーヴィング》は move《ムーヴ》の ing《アイエンヂー》 形《けい》

□ quickly

［クウィックリィ］

副 速《はや》く

scene **212** 車《くるま》の台数《だいすう》を確認《かくにん》する佐藤刑事《さとうけいじ》

□ police station

［パリース ステイション］

名 警察署《けいさつしょ》

—米花警察署《べいかけいさつしょ》—
え？三台《さんだい》だけ？

本当《ほんとう》ですか？警部《けいぶ》！
ああ…検問《けんもん》に引《ひ》っ掛《か》かった一台《いちだい》と、その周辺《しゅうへん》を車《くるま》でうろついていた二台《にだい》だけだそうだ！

その近辺《きんぺん》の住人《じゅうにん》で、アリバイがなく、マスターキーをなくしたと言《い》っているのはな…
とにかく、今《いま》から三人《さんにん》をその車《くるま》に乗《の》せてそっちへ向《む》かわせるから…
君《きみ》も一瞬《いっしゅん》通《とお》り魔《ま》を見《み》たのなら確認《かくにん》を頼《たの》む!!
はい！わかりました！

□ empty ［エンプティ］

形 空《から》の、空《あ》いている

□ busy ［ビズィ］

形 いそがしい

I'm《アイム》 busy《ビズィ》 now《ナウ》.
私《わたし》は今《いま》いそがしい。

scene **213** ひとりでそんなにたのむなんて！

そのお客《きゃく》さん、焼《や》きソバとカルボナーラとフルーツパフェとトマトジュースとシーザーサラダで、
ピッタリ三千円《さんぜんえん》だったよ！

その五品《ごひん》の組《く》み合《あ》わせじゃないと丁度《ちょうど》三千円《さんぜんえん》にならないから、私《わたし》、ちょっと感動《かんどう》しちゃってさ――♡

□ juice ［ヂュース］

名 ジュース

Do《ドゥー》 you《ユー》 drink《ドゥリンク》 tomato《タメイトウ》 juice《ヂュース》?
あなたはトマトジュースを飲《の》みますか?

□ parfait

［パーフェイ］

名 パフェ

□ noodles

［ヌードゥルズ］

名 めん類《るい》

scene **214** お目当《めあ》ての本《ほん》、ゲット！

□ bookstore ［ブックストア］

名 書店《しょてん》、本屋《ほんや》

きっとボウヤが買《か》いに来《く》ると思《おも》って取《と》っておいてあげたよ。
え？ホント？

書店
BOOKS
米花書店
BOOKS
ありがとね、おじさん！

□ buy ［バイ］

動 (～を)買《か》う

Conan《コナン》 wants《ワンツ》 to《トゥー》 buy《バイ》 the《ザ》 book《ブック》.
コナンはその本《ほん》を買《か》いたい。

□ sell ［セル］

動 (～を)売《う》る

Do《ドゥー》 you《ユー》 sell《セル》 comic《カミック》 books《ブックス》?
まんが本《ぼん》は売《う》っていますか？

＊ 店《みせ》の人《ひと》にたずねるときのいい方《かた》

できるかな？

コナンが買《か》い物《もの》をしたのはどこ？

㋐ flower《フラウァ》 shop《シャップ》　㋑ bookstore《ブックストア》　㋒ library《ライブレリィ》

〈答《こた》えは2ページ後《あと》に〉

scene **215** 和葉《かずは》と平次《へいじ》で現場検証《げんばけんしょう》？

何《なん》でわかんの？
平次《へいじ》……
死体《したい》の背中《せなか》んトコにインクがこぼれてるやろ？

□ **ink** [インク]

名 (筆記《ひっき》・印刷用《いんさつよう》の)インク

□ **shape** [シェイプ]

名 形《かたち》

a《ア》 human《ヒューマン》 shape《シェイプ》
人《ひと》の形《かたち》

□ **ruler** [ルーラァ]

名 定規《じょうぎ》、物差《ものさ》し

scene **216** この人《ひと》が犯人《はんにん》だ！

□ sweat [スウェット]

名 あせ

背《せー》の高《たか》い
波佐見《はさみ》さん、
あんたしか
おらん
っちゅう
事《こと》がな!!

□ person

[パースン]

名 人《ひと》

□ lovely [ラヴリィ]

形 愛《あい》らしい、かわいい

a《ア》 lovely《ラヴリィ》 girl《ガール》
かわいい女《おんな》の子《こ》

237ページの答《こた》え ✕ ㋐flower《フラワァ》 shop《シャップ》 花屋《はなや》 ○ ㋑bookstore《ブックストァ》 書店《しょてん》 ✕ ㋒library《ライブレリィ》 図書館《としょかん》

scene **217** ファインプレーに場内《じょうない》がわく！

□ fantastic ［ファンタスティック］

形 **とてもすばらしい**

a《ア》 fantastic《ファンタスティック》 catch《キャッチ》
とてもすばらしいほ球《きゅう》

と、
捕《と》ったァ!!
ファインプレー!!!

□ glove

［グラヴ］

名 **グローブ**

□ baseball ［ベイスボール］

名 **野球《やきゅう》**

They《ゼィ》 are《アー》 playing《プレイイング》 baseball《ベイスボール》.
かれらは野球《やきゅう》をしています。

✲ playing《プレイイング》 は play《プレィ》 の ing《アィエンヂー》 形《けい》

scene **218** 速球《そっきゅう》で勝負《しょうぶ》!!

□ **batter** [バタァ]

名 バッター

□ **bat** [バット]

名 (野球《やきゅう》などの) バット

ハァ
ハァ
ストライーク!!
ド、ド真《ま》ん中《なか》まっすぐや!!
おいおい、勝負《しょうぶ》かよ?
やっぱり……
あの二人《ふたり》、新一《しんいち》と一緒《いっしょ》だ…

□ **pitcher** [ピッチャァ]

名 ピッチャー

The《ザ》 pitcher《ピッチャァ》 is《イズ》 throwing《スロゥイング》 a《ア》 fast《ファスト》 ball《ボール》.
ピッチャーは速球《そっきゅう》を投《な》げています。

✲ throwing《スロゥイング》は throw《スロゥ》の ing《アィエンヂー》形《けい》

scene **219** 大《おお》物《もの》かな？

□ **group**

［グループ］

名 **グループ、集《しゅう》団《だん》**

□ **fishing**

［フィッシング］

名 **魚《さかな》つり**

I《アィ》 often《オーフン》 go《ゴゥ》 fishing《フィッシング》.
私《わたし》はよくつりに行《い》きます。

□ **fish** ［フィッシュ］

名 **魚《さかな》**

✲ 複数形《ふくすうけい》（2ひき以《い》上《じょう》）も fish《フィッシュ》

できるかな？

灰《はい》原《ばら》がしているのは？

㋐ skiing《スキーイング》 ㋑ fishing《フィッシング》 ㋒ shopping《シャッピング》

〈答《こた》えは2ページ後《あと》に〉

scene **220** どんな魚《さかな》がつれたのかな？

□ fisherman ［フィッシャァマン］

名 **漁師《りょうし》**

ス、スマンのォ…
泣《な》くなよ！ ホントは鯛《たい》狙《ねら》ってたのに、変《へん》な黒《くろ》い魚《さかな》釣《つ》っちまったんだからよ…
グス…
おい…こいつはチヌじゃねーか？

チヌ？
防波堤《ぼうはてい》釣りの王様《おうさま》「黒鯛《くろだい》」のこった！
高級魚《こうきゅうぎょ》ですね！
すごーい!!
ピチ ピチ

□ fresh

［フレッシュ］

形 **新《しん》せんな、新《あたら》しい**

fresh《フレッシュ》 fish《フィッシュ》
新《しん》せんな魚《さかな》

□ get ［ゲット］

動 **(〜を) 手《て》に入《い》れる、得《え》る**

I《アイ》 want《ワント》 to《トゥー》 get《ゲット》 a《ア》 fish《フィッシュ》.
魚《さかな》を手《て》に入《い》れたい。

scene **221** かさを差《さ》してたたずむこの男《おとこ》は!?

□ raincoat

［**レ**インコウト］

名 **レインコート**

He《ヒー》 is《イズ》 wearing《ウェ(ァ)リング》 a《ア》 raincoat《レインコウト》.
かれはレインコートを着《き》ています。

✲ wearing《ウェ(ァ)リング》 は wear《ウェア》 の ing《アイエンヂー》 形《けい》

□ jogging

［**ヂャ**ギング］

名 **ジョギング**

パシャ
パシャ
相《あい》変《か》わらずだな 能《の》勢《せ》…

□ wait

［**ウェ**イト］

動 **待《ま》つ**

I'm《アイム》 waiting《ウェイティング》 for《フォア》 the《ザ》 man《マン》.
私《わたし》はその男《おとこ》の人《ひと》を待《ま》っています。

✲ wait《ウェイト》 for《フォア》 ～で「～を待《ま》つ」を表《あらわ》す。waiting《ウェイティング》 は wait《ウェイト》 の ing《アイエンヂー》 形《けい》

242ページの答《こた》え × ㋐ skiing《スキーイング》 スキー ○ ㋑ fishing《フィッシング》 魚《さかな》つり × ㋒ shopping《シャッピング》 買《か》い物《もの》

scene 222 たばこにたくされたメッセージとは？

□ handkerchief ［ハンカァチフ］

名 ハンカチ

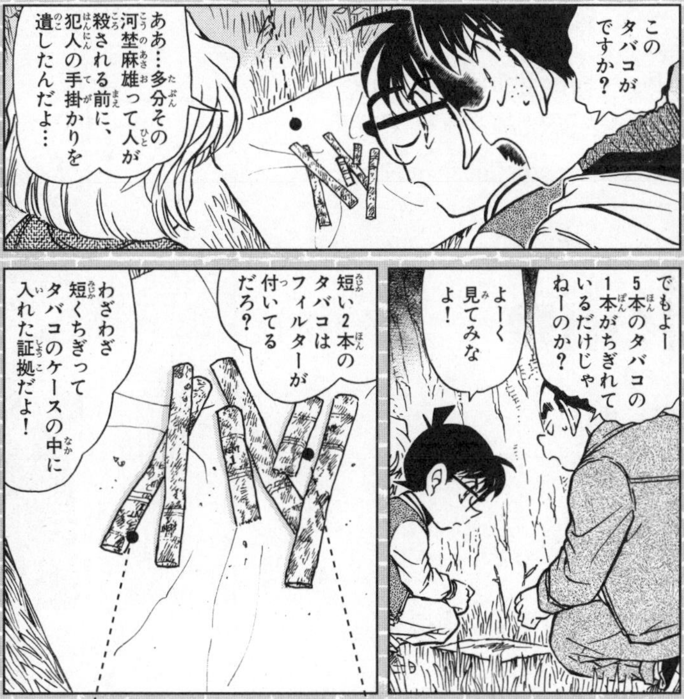
このタバコがですか？
ああ…多分《たぶん》その河《こう》埜《の》麻《あさ》雄《お》って人《ひと》が殺《ころ》される前《まえ》に、犯人《はんにん》の手《て》掛《が》かりを遺《のこ》したんだよ…
でもよー5本《ほん》のタバコの1本《ぽん》がちぎれているだけじゃねーのか？
よーく見《み》てみなよ！
短《みじか》い2本《ほん》のタバコはフィルターが付《つ》いてるだろ？
わざわざ短《みじか》くちぎってタバコのケースの中《なか》に入《い》れた証拠《しょうこ》だよ！

□ dirty

［ダーティ］

形 きたない、よごれた

a《ア》 dirty《ダーティ》 room《ルーム》
きたない部屋《へや》

□ short

［ショート］

形 (長《なが》さ・きょり・時間《じかん》などが) 短《みじか》い

a《ア》 short《ショート》 pencil《ペンサル》
短《みじか》いえん筆《ぴつ》

scene 223 美《うつく》しい音色《ねいろ》が聞《き》こえる…

□ practice

［プラクティス］

動 （～を）練習《れんしゅう》する

She《シィ》 is《イズ》 practicing《プラクティスィング》 the《ザ》 violin《ヴァイアリン》.
かのじょはバイオリンの練習《れんしゅう》をしています。

✲ practicing《プラクティスィング》 は practice《プラクティス》 の ing《アィエンヂー》 形《けい》

□ violin

［ヴァイアリン］

名 バイオリン

□ visit ［ヴィズィット］

動 （人《ひと》を）訪問《ほうもん》する、訪《たず》ねる

I《アィ》 will《ウィル》 visit《ヴィズィット》 you《ユー》 tomorrow《トゥマーロゥ》.
明日《あした》あなたをお訪《たず》ねします。

設楽蓮希《したらはすき》(23)
調一朗《ちょういちろう》の孫娘《まごむすめ》

できるかな？

女《おんな》の人《ひと》がひいているものは？

㋐ guitar《ギター》 ㋑ piano《ピアノゥ》 ㋒ violin《ヴァイアリン》

〈 答《こた》えは2ページ後《あと》に 〉

scene **224** 火《ひ》の中《なか》から救出《きゅうしゅつ》成功《せいこう》！

□ **heavy**

[ヘヴィ]

形 **重《おも》い**

□ **save** [セイヴ]

動 **(危険《きけん》などから)(〜を)救《すく》う、助《たす》ける**

He《ヒー》 can《キャン》 save《セイヴ》 the《ザ》 woman《ウマン》.
かれはその女《おんな》の人《ひと》を救《すく》うことができます。

□ **brave**

[ブレイヴ]

形 **勇《ゆう》かんな**

a《ア》 brave《ブレイヴ》 person《パースン》
勇《ゆう》かんな人《ひと》

scene **225** さすがの推理《すいり》！

要約《ようやく》すると、仁王《におう》が寝《ね》ている場所《ばしょ》は太陽《たいよう》に一番近《いちばんちか》くて、老人達《ろうじんたち》が集《あつ》まるすごく賑《にぎ》やかな所《ところ》…
そこに仁王《におう》の石《いし》…つまりダイヤモンドが隠《かく》してあるって事《こと》さ！

□ smart

[スマート]

形 **利口《りこう》な、かしこい**

a《ア》 smart《スマート》 boy《ボーイ》
かしこい男《おとこ》の子《こ》

□ hard

[ハード]

形 **かたい**

✲「やわらかい」は soft《ソーフト》

a《ア》 hard《ハード》 stone《ストウン》
かたい石《いし》

□ diamond

[ダイ(ァ)マンド]

名 **ダイヤモンド**

できるかな？

やっぱりコナンはとても…？

㋐ sleepy《スリーピィ》 ㋑ smart《スマート》 ㋒ hungry《ハングリィ》

〈答《こた》えは2ページ後《あと》に〉

246ページの答《こた》え ✕ ㋐ guitar《ギター》 ギター ✕ ㋑ piano《ピアノゥ》 ピアノ ○ ㋒ violin《ヴァイアリン》 バイオリン

scene **226** 高木刑事《たかぎけいじ》がなやんでいるのは…

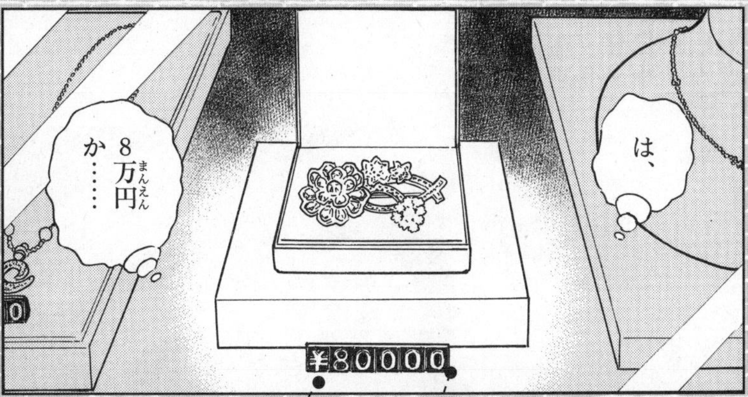

8万円《まんえん》か……
は、
¥80000

高《たか》いよなーやっぱり…
前《まえ》に買《か》った指輪《ゆびわ》のローンもまだ残《のこ》ってるし……

□ yen ［イエン］

名 円《えん》（お金《かね》の単位《たんい》）

eighty《エイティ》 thousand《サウザンド》 yen《イェン》
8万円《まんえん》

□ price ［プライス］

名 値段《ねだん》、価格《かかく》

□ expensive

［イクスペンスィヴ］

形 高価《こうか》な

an《アン》 expensive《イクスペンスィヴ》 dress《ドゥレス》
高価《こうか》なドレス

scene **227** 樹液《じゅえき》をぬって虫《むし》たちを集《あつ》めた♫

□ butterfly

［**バ**タァフライ］

名 **ちょう**

Catch《キャッチ》 that《ザット》 butterfly《バタァフライ》.
あのちょうをつかまえて。

□ interested

［**イ**ンタラスティド］

形 **興味《きょうみ》を持《も》った、関心《かんしん》のある**

They《ゼィ》 are《アー》 interested《インタラスティド》 in《イン》 bugs《バッグズ》.
かれらは虫《むし》に興味《きょうみ》を持《も》っています。

＊ interested《インタラスティド》 in《イン》 ～で
「～に興味《きょうみ》を持《も》って」を表《あらわ》す

□ bug

［**バ**ッグ］

名 **虫《むし》**

248ページの答《こた》え　× ㋐ sleepy《スリーピィ》 ねむい　○ ㋑ smart《スマート》 かしこい　× ㋒ hungry《ハングリィ》 空腹《くうふく》の

scene **228** 子《こ》ねこのえさには注意《ちゅうい》が必要《ひつよう》！

□ bottle

［バトゥル］

名 びん

猫《ねこ》は乳糖《にゅうとう》を分解《ぶんかい》する酵素《こうそ》を持《も》ってないし、草食《そうしょく》の牛《うし》と肉食《にくしょく》の猫《ねこ》じゃ母乳《ぼにゅう》の栄養価《えいようか》も違《ちが》うから…
牛乳《ぎゅうにゅう》をそのまま飲《の》ませると、お腹《なか》を壊《こわ》して飲《の》まなくなっちまう事《こと》があるんだ…
トク
トク

□ fill ［フィル］

動 (容器《ようき》・場所《ばしょ》などを)いっぱいにする、満《み》たす

Fill《フィル》 the《ザ》 cup《カップ》 with《ウィズ》 milk《ミルク》.
カップを牛乳《ぎゅうにゅう》で満《み》たしてください。

だから人間《にんげん》の赤《あか》ちゃん用《よう》の粉《こな》ミルクを、38度程度《どていど》の人肌《ひとはだ》に温《あたた》めたお湯《ゆ》で2倍《ばい》ぐらいに薄《うす》めて与《あた》えれば…

ペロ

□ feed ［フィード］

動 (〜に)えさをあたえる

Feed《フィード》 the《ザ》 cats《キャッツ》.
ねこたちにえさをあたえてください。

できるかな？

コナンが左手《ひだりて》に持《も》っているものは？

㋐ cup《カップ》　㋑ bottle《バトゥル》　㋒ plate《プレイト》

〈答《こた》えは2ページ後《あと》に〉

どうしてこのねこだけ外《そと》に…

□ **close** [クロウス]

形 近《ちか》い

え？
あーー
もう一匹《いっぴき》いた！
ミャー…
全部《ぜんぶ》で
三匹《さんびき》だったん
ですね！
でも何《なん》で、
この子《こ》だけ
外《そと》に…
……
ダッ

タタタ…

□ **mask** [マスク]

名 マスク

□ **quiet** [クワイアット]

形 静《しず》かな

a《ア》 quiet《クワイアット》 place《プレイス》

静《しず》かな場所《ばしょ》

scene **230** ゆうかい犯《はん》からメッセージが！

□ cousin［カズン］

名 **いとこ**

イトコは預《あず》かった…
100万円《まんえん》用《よう》意《い》しろ…後《あと》で連絡《れんらく》する…
警察《けいさつ》にバラしたら殺《ころ》すぞ…
イトコのボウヤは
預かった！
100万円用意しろ！
後で連絡する！
警察にバラしたら殺すぞ！！

□ e-mail

［イーメイル］

名 **E《イー》メール**

Kogoro《コゴロウ》 is《イズ》 reading《リーディング》 the《ズィ》 e-mail《イーメイル》.

小五郎《こごろう》はE《イー》メールを読《よ》んでいます。

✲ reading《リーディング》 は read《リード》 の ing《アイエンヂー》 形《けい》

□ keyboard

［キーボード］

名 **（コンピュータなどの）キーボード**

251ページの答《こた》え　✕ ㋐cup《カップ》 カップ　〇 ㋑bottle《バトゥル》 びん　✕ ㋒plate《プレイト》 皿《さら》

231 ぬれたくつ下《した》が気《き》になる？

□ turn ［ターン］

動 **ふり向《む》く**

She《シィ》 is《イズ》 turning《ターニング》 toward《トード》 me《ミー》.
かのじょは私《わたし》のほうをふり向《む》いています。

✲ turning《ターニング》は turn《ターン》の ing《アィエンヂー》形《けい》

ですから刑事《けいじ》さんも今日《きょう》の所《ところ》は…
ん？
トコトコ
……

□ socks ［サックス］

名 **(短《みじか》い)くつ下《した》、ソックス**

✲ 「片方《かたほう》のくつ下《した》」は a《ア》 sock《サック》

The《ザ》 boy《ボーイ》 is《イズ》 wearing《ウェ(ア)リング》 socks《サックス》.
その男《おとこ》の子《こ》はくつ下《した》をはいています。

✲ wearing《ウェ(ア)リング》は wear《ウェァ》の ing《アィエンヂー》形《けい》

どうしたんだい？その靴下《くつした》…濡《ぬ》れてるみたいだけど…
あ、これ？

□ door ［ドア］

名 **ドア、戸《と》**

scene **232** 何《なに》やらこっそり打《う》ち合《あ》わせ！？

□ carefully ［ケァフリィ］

副 **注意《ちゅうい》深《ぶか》く、用心《ようじん》深《ぶか》く**

Listen《リスン》 carefully《ケァフリィ》.
よく注意《ちゅうい》して聞《き》きなさい。

□ whisper

［(ホ)ウィスパァ］

動 **ひそひそ話《はな》す**

Conan《コナン》 is《イズ》 whispering《(ホ)ウィスパァリング》.
コナンはひそひそ話《はな》しています。

✲ whispering《(ホ)ウィスパァリング》 は whisper《(ホ)ウィスパァ》 の ing《アィエンヂー》 形《けい》

□ plan ［プラン］

名 **計画《けいかく》**

Conan《コナン》 made《メイド》 a《ア》 good《グッド》 plan《プラン》.
コナンはよい計画《けいかく》を思《おも》いついた。

233 3びきのこいのぼりが空《そら》を泳《およ》ぐ！

□ pole ［ポウル］

名 棒《ぼう》、柱《はしら》、さお

□ net ［ネット］

名 あみ、ネット

ホラ あれ！
そっか、鯉《こい》のぼり！
ウチも早《はや》く3匹《びき》に戻《もど》りたいな――…
……

□ straight ［ストゥレイト］

形 まっすぐな

a《ア》 straight《ストゥレイト》 pole《ポウル》
まっすぐな棒《ぼう》

できるかな？

こいのぼりの向《む》こうに見《み》えているものは？

㋐ net《ネット》　㋑ house《ハウス》　㋒ street《ストゥリート》

〈答《こた》えは2ページ後《あと》に〉

scene **234** 浜辺《はまべ》で何《なに》を探《さが》しているの？

□ straw hat ［ストゥロー ハット］

名 麦《むぎ》わらぼうし

Ayumi《アユミ》 is《イズ》 wearing《ウェ(ア)リング》 a《ア》 straw《ストゥロー》 hat《ハット》.
歩美《あゆみ》は麦《むぎ》わらぼうしをかぶっています。

✲ wearing《ウェ(ア)リング》は wear《ウェア》の ing《アィエンヂー》 形《けい》

だから探《さが》すのはアサリじゃなくてペットボトルの…
あっ!!
あった!!
あったよペットボトルのフタ!!

□ rake ［レイク］

名 熊手《くまで》

□ sand ［サンド］

名 砂《すな》

white《(ホ)ワイト》 sand《サンド》
白《しろ》い砂《すな》

scene **235** 辞書《じしょ》がとつ然《ぜん》落《お》ちてくるなんて〜

□ thick ［スィック］

形 **厚《あつ》い**

ア《》 a《ア》 thick《スィック》 dictionary《ディクショネリィ》
厚《あつ》い辞書《じしょ》

バン
英和辞典
ENGLISH-JAPANESE DICTIONARY
大学館

わっ
ミャー

てめぇ…
またイタズラを…
タン

□ jump ［ヂャンプ］

動 **とぶ、はねる**

The《ザ》 cat《キャット》 is《イズ》 jumping《ヂャンピング》.
ねこがとんでいます。

✲ jumping《ヂャンピング》 は jump《ヂャンプ》 の ing《アイエンヂー》 形《けい》

□ bookshelf ［ブックシェルフ］

名 **本《ほん》だな**

256ページの答《こた》え　○ ㋐net《ネット》 あみ　✕ ㋑house《ハウス》 家《いえ》　✕ ㋒street《ストゥリート》 通《とお》り

scene **236** ポスターに写《うつ》っているのはこのコンビ！

□ bride ［ブライド］

名 花《はな》よめ、新婦《しんぷ》

□ poster

［ポウスタァ］

名 ポスター

a《ア》 large《ラーヂ》 poster《ポウスタァ》
大《おお》きなポスター

ブライダルは
女が主役
WeddingHall
恥《は》ずかしいから早《はや》く通《とお》って通《とお》って！
……
はがすと器物損壊罪《きぶつそんかいざい》っスよ…
わかってるよ…

□ large ［ラーヂ］

形 大《おお》きい

できるかな？

どんなポスターがはられている？

㋐ small《スモール》 ㋑ short《ショート》 ㋒ large《ラーヂ》

〈答《こた》えは２ページ後《あと》に〉

scene 237 なぜか手《て》ぶくろをはめる男《おとこ》！

□ vase ［ヴェイス］

名 花《か》びん

あ、そうそう、そろえるといえば、今日《きょう》やっと抜《ぬ》けてたヤツがそろったんです！
ホ――――…

□ collect

［カ**レ**クト］

動 (～を)集《あつ》める

Do《ドゥー》 you《ユー》 collect《カレクト》 dolls《ダールズ》?
あなたは人形《にんぎょう》を集《あつ》めていますか？

□ drawer

［ドゥ**ロ**ァ］

名 (たんす・机《つくえ》などの) 引《ひ》き出《だ》し

scene **238** これで事件《じけん》は解決《かいけつ》だ！

多分《たぶん》、歯《は》だったと思《おも》うぜ！

歯《は》？
ハウスキーパーさん、原本《はらもと》さんに頼《たの》まれて歯医者《はいしゃ》の予約《よやく》したって言《い》ってたし…

□ **white**

[(ホ) **ワ**イト]

形 白《しろ》い　名 白《しろ》

□ **teeth**

[**ティ**ース]

名 tooth《トゥース》(歯《は》)の複数形《ふくすうけい》

□ **collar**

[**カ**ラァ]

名 えり、カラー

white《(ホ)ワイト》 teeth《ティース》

白《しろ》い歯《は》

259ページの答《こた》え　✕ ㋐small《スモール》 小《ちい》さい　✕ ㋑short《ショート》 短《みじか》い　○ ㋒large《ラージ》 大《おお》きい

scene **239** 怪盗《かいとう》キッドが絵《え》をぬすむと予告《よこく》!

□ cover ［カヴァ］

動 (〜を)おおう

Cover《カヴァ》 your《ユァ》 legs《レッグズ》 with《ウィズ》 a《ア》 blanket《ブランキット》.
あなたのあしを毛布《もうふ》でおおいなさい。

気《き》になる事《こと》があればどんな些細《ささい》な事《こと》でも報告《ほうこく》を怠《おこた》るなよ!!
ホ――…これがあの映像《えいぞう》ですか…
確《たし》かに問題《もんだい》の絵《え》はバッチリ見《み》えますが…
一台《いちだい》だけとは…
ワシも監視《かんし》カメラは設置済《せっちず》みと聞《き》いて、まさか一台《いちだい》とは思《おも》わなくてな…
すみません…うまく伝《つた》わらなかったようで…

□ screen

［スクリーン］

名 画面《がめん》

□ leader

［リーダァ］

名 リーダー、指導者《しどうしゃ》

scene

240 この絵《え》は義父《ぎふ》がかいたのか!?

バ、バカな!? 手《て》を痛《いた》めていた義父《ちち》に描《か》けるわけが…
やはり気《き》づいてなかったんですね… 神原《かんばら》さんの左手《ひだりて》の親指《おやゆび》にあった…
パレットを持《も》った時《とき》につく楕円形《だえんけい》の跡《あと》に…
その絵《え》がしまわれていた神原《かんばら》さんの部屋《へや》の金庫《きんこ》に柄《え》に歯型《はがた》がついた筆《ふで》も入《はい》っていましたから…
多分《たぶん》神原《かんばら》さんは筆《ふで》を口《くち》でくわえて描《か》いていたんだと…

□ artist

[アーティスト]

名 芸術家《げいじゅつか》

a《ア》 great《グレイト》 artist《アーティスト》

いだいな芸術家《げいじゅつか》

□ painting

[ペインティング]

名 絵《え》、絵画《かいが》

□ art [アート]

名 芸術《げいじゅつ》、美術《びじゅつ》

scene **241** ドッジボールやりたかったのに～

□ elementary school

［エラ**メ**ンタリィ ス**ク**ール］

名 小学校《しょうがっこう》

――ったく雨《あめ》かよ…
どうやら5時限目《じげんめ》の学級活動《がっきゅうかつどう》でやるはずだったドッジボールは中止《ちゅうし》のようですね…
ウソ――楽《たの》しみにしてたのに～～～！

職員室

よーし…
ゴロゴロ
できた…

□ teachers' room

［**ティ**ーチャァズ **ル**ーム］

名 職員室《しょくいんしつ》

□ drink ［ドゥ**リ**ンク］

動 （飲《の》み物《もの》を）飲《の》む

I《アィ》 want《ワント》 to《トゥー》 drink《ドゥリンク》 tea《ティー》.
お茶《ちゃ》を飲《の》みたい。

scene **242** 私《わたし》が貸《か》してあげたかったな…

消《け》しゴム忘《わす》れて来《き》ちゃった…
あ…

□ thank ［サンク］

動 **(〜に)感謝《かんしゃ》する**

Thank《サンク》 you《ユー》.
ありがとう。

ホラ、私《わたし》の使《つか》いなさい！
ありがと哀《あい》ちゃん！
………

□ eraser

［イレイサァ］

名 **消《け》しゴム**

□ borrow ［バロゥ］

動 **(お金《かね》・物《もの》・考《かんが》えなどを) 借《か》りる**

Can《キャン》 I《アィ》 borrow《バロゥ》 your《ユア》 eraser《イレイサァ》?
あなたの消《け》しゴムを借《か》りてもいいですか？

243 通信《つうしん》ぼが手《て》がかりなのか？

ホラ、日本《にっぽん》じゃ通信簿《つうしんぼ》に載《の》る成績《せいせき》は5段階評定《だんかいひょうてい》なんでしょ？
例《たと》えばこの5人《にん》の数字《すうじ》とピッタリ合《あ》う成績《せいせき》の課目《かもく》が図工《ずこう》なら、先生《せんせい》は図工室《ずこうしつ》にいるって事《こと》じゃない？
国語 4
算数 5
理科 2
社会 3
音楽 1
図工 4
体育 3

□ subject

[**サ**ブヂクト]

名 教科《きょうか》、科目《かもく》

□ social studies

[**ソ**ウシャル スタディズ]

名 社会科《しゃかいか》

I《アィ》 like《ライク》 social《ソウシャル》 studies《スタディズ》.
私《わたし》は社会科《しゃかいか》が好《す》きです。

□ arts and crafts

[**ア**ーツ アンド ク**ラ**フツ]

名 図工《ずこう》

scene 244 殺人事件《さつじんじけん》のあったやしきをそう査中《さちゅう》!!

□ **carpet** [カーピット]

名 カーペット、じゅうたん

旦那《だんな》さんは車《くるま》イス長《なが》いんですか？
いえ…1か月前《げつまえ》からです…

じゃあ、私《わたし》はここで待《ま》っていてよろしいかな？
ええ…

□ **rail** [レイル]

名 手《て》すり

□ **wheelchair** [(ホ)ウィールチェア]

名 車《くるま》いす

The《ザ》 man《マン》 is《イズ》 using《ユーズィング》 a《ア》 wheelchair《(ホ)ウィールチェア》.
男《おとこ》の人《ひと》は車《くるま》いすを使《つか》っています。

✲ using《ユーズィング》は use《ユーズ》の ing《アイエンヂー》形《けい》

scene 245 事件《じけん》は節分《せつぶん》の日《ひ》に起《お》きた！

節分《せつぶん》だよね!?

きっとその日《ひ》は透司《とうじ》君《くん》、お父《とう》さんに鬼《おに》のお面《めん》を被《かぶ》ってもらって、豆《まめ》まきをやってたんじゃない？
鬼《おに》は外《そと》福《ふく》は内《うち》ってね！

□ **demon** ［ディーマン］

名 おに

□ **bean** ［ビーン］

名 豆《まめ》

□ **event** ［イヴェント］

名 行事《ぎょうじ》

a《ア》 school《スクール》 event《イヴェント》
学校行事《がっこうぎょうじ》

scene 246 少《しょう》年《ねん》探《たん》偵《てい》団《だん》の作《つく》った雪《ゆき》だるま！

も――っ！
でも
これはこれで
アリだよな？
ええ！
来《く》る途中《とちゅう》で果物《くだもの》を
買《か》っておいて
正解《せいかい》でしたね！
……

□ **winter**

［**ウィ**ンタァ］

名 冬《ふゆ》

in《イン》 winter《ウィンタァ》
冬《ふゆ》に

□ **orange**

［**オ**ーリンヂ］

名 オレンジ

□ **banana**

［バ**ナ**ナ］

名 バナナ

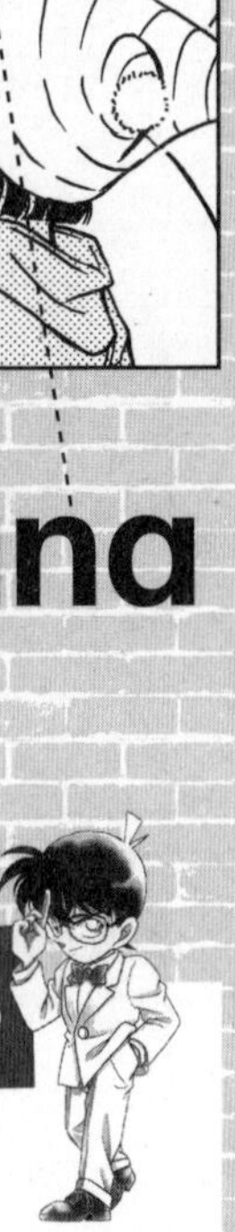

できるかな？

雪《ゆき》だるまのまゆに使《つか》っている果物《くだもの》は？

㋐ apple《アプル》 ㋑ orange《オーリンヂ》 ㋒ banana《バナナ》

〈答《こた》えは２ページ後《あと》に〉

scene **247** 洗面所《せんめんじょ》で仲《なか》よく歯《は》みがき？

□ mirror ［ミラァ］

名 鏡《かがみ》

朝早《あさはや》いって言《い》ってたじゃねーか!?
ああ…そのつもりやったけど…あのオッサンのイビキがキツゥてよー寝《ね》られへんかったんや…

おかげで予定《よてい》がメチャメチャになってもーたわ…
じゃあ早《はや》く帰《かえ》りのチケット買《か》い直《なお》した方《ほう》がいいんじゃねーか？

□ brush ［ブラッシュ］

動 (ブラシで)(～を)みがく

Brush《ブラッシュ》 your《ユァ》 teeth《ティース》.
歯《は》をみがきなさい。

□ pajamas ［パヂャーマズ］

名 パジャマ

✲ 上下《じょうげ》1組《くみ》を指《さ》す

scene **248** 急《いそ》ぐ平次《へいじ》。部屋《へや》の中《なか》には！?

□ climb ［クライム］

動 (〜を［に］) 登《のぼ》る

□ nail

［ネイル］

名 (指《ゆび》の) つめ

□ break ［ブレイク］

動 (〜を) こわす

Heiji《ヘイジ》 is《イズ》 breaking《ブレイキング》 the《ザ》 window《ウィンドウ》.
平次《へいじ》は窓《まど》ガラスを割《わ》っています。

✲ breaking《ブレイキング》 は break《ブレイク》 の ing《アイエンヂー》 形《けい》

269ページの答《こた》え　✕ ㋐ apple《アプル》 りんご　✕ ㋑ orange《オーリンヂ》 オレンジ　○ ㋒ banana《バナナ》 バナナ

scene **249** 目当《めあ》てのものがここにはない！？

□ post office ［**ポ**ウスト オーフィス］

名 郵便局《ゆうびんきょく》

Where《(ホ)ウェア》 is《イズ》 the《ザ》 post《ポウスト》 office《オーフィス》?
郵便局《ゆうびんきょく》はどこですか？

奥穂郵便局
ねえ新一《しんいち》…

ポストはあったけど、何《なに》も貼《は》ってないよ？
おっかしーなー、絶対《ぜったい》そうだと思《おも》ったんだけど…

□ mailbox

［**メ**イルバックス］

名 郵便《ゆうびん》ポスト

□ letter slot ［**レ**タア スラット］

名 (手紙《てがみ》の) 投入口《とうにゅうぐち》

手《て》がかりは“赤《あか》い物《もの》”！

ウーム…赤《あか》といえば…
パトカーはよく通学路《つうがくろ》に停《と》まっていたよ…
パトカー？
ああ…道《みち》が曲《ま》がりくねっているせいで、交通事故《こうつうじこ》が多《おお》くてな…
だが、今《いま》もパトカーが来《き》ているとは…

□ patrol car

［パトゥロウル カー］

名 パトロールカー

いや、そんな道《みち》ならパトカーがいなくてもあるはずさ！
赤《あか》い止《と》まれの標識《ひょうしき》がね!!
止まれ

□ sign

［サイン］

名 標識《ひょうしき》

□ solve ［サルヴ］

動 (問題《もんだい》・なぞなどを)解《と》く

Can《キャン》 you《ユー》 solve《サルヴ》 this《ズィス》 problem《プラブラム》?
あなたはこの問題《もんだい》を解《と》けますか？

できるかな？

通学路《つうがくろ》によくとまっていたのは？

㋐ helicopter《ヘリカプタァ》 ㋑ patrol《パトゥロウル》 car《カー》 ㋒ train《トゥレイン》

〈答《こた》えは2ページ後《あと》に〉

scene **251** これはヒント？

□ end ［エンド］

名 終《お》わり、最後《さいご》

□ tear ［テア］

動 (～を) 引《ひ》きさく、破《やぶ》る

Don't《ドウント》 tear《テア》 the《ザ》 paper《ペイパア》.
その紙《かみ》を破《やぶ》ってはいけません。

□ rope ［ロウプ］

名 ロープ

scene **252** ひらめいたのは阿笠博士《あがさはかせ》！

え？
ホラ、小学校《しょうがっこう》にある風見鶏《かざみどり》の下《した》に付《つ》いてるよ！
矢印《やじるし》の先《さき》に変《へん》な英語《えいご》の字《じ》が！

バーロ！あれに付《つ》いてんのはこのW《ダブリュー》やS《エス》って字《じ》と違《ちが》ってたぞ！
そうだっけ？
風見鶏《かざみどり》…

そうか！S《エス》もW《ダブリュー》も方角《ほうがく》だよ!!
S《エス》はSOUTH《サウス》で南《みなみ》で、W《ダブリュー》はWEST《ウエスト》で西《にし》だ!!
N
（北）
W
（西）
E
（東）
S
（南）

□ north ［ノース］

名 北《きた》

✲ ふつう the《ザ》 をつけて the《ザ》 north《ノース》 とする

□ west ［ウェスト］

名 西《にし》

✲ ふつう the《ザ》 をつけて the《ザ》 west《ウェスト》 とする

□ east ［イースト］

名 東《ひがし》

✲ ふつう the《ザ》 をつけて the《ズィ》 east《イースト》 とする

□ south ［サウス］

名 南《みなみ》

✲ ふつう the《ザ》 をつけて the《ザ》 south《サウス》 とする

273ページの答《こた》え　✕ ㋐helicopter《ヘリカプタア》 ヘリコプター　○ ㋑patrol《パトゥロウル》 car《カー》 パトロールカー　✕ ㋒train《トゥレイン》 電車《でんしゃ》

scene 253 みごとな金魚《きんぎょ》！

超《ちょう》かわいくない？
ホー結構《けっこう》いるなぁ…
おっ！玉《たま》サバだ！

ホラ、この琉金《りゅうきん》の体型《たいけい》にサバのような尾《お》ヒレがくっついてるヤツ！
12匹中《ひきちゅう》、こいつだけは滅多《めった》にお目《め》にかかれない品種《ひんしゅ》っスよ！

□ goldfish

［ゴウルドフィッシュ］

名 金魚《きんぎょ》

□ swim ［スウィム］

動 泳《およ》ぐ

I《アイ》 can《キャン》 swim《スウィム》 well《ウェル》.
私《わたし》は上手《じょうず》に泳《およ》げます。

□ tank ［タンク］

名 水《すい》そう

できるかな？

水《すい》そうの中《なか》で泳《およ》いでいるものは？

㋐ goldfish《ゴウルドフィッシュ》 ㋑ dolphin《ダルフィン》 ㋒ snake《スネイク》

〈答《こた》えは2ページ後《あと》に〉

scene 254 本《ほん》についた血《ち》は何《なに》かのメッセージ！？

首《くび》を吊《つ》った
御主人《ごしゅじん》の唇《くちびる》が
裂《さ》けて血《ち》が
滴《したた》っていて…
その足元《あしもと》に
この本《ほん》があったと
なると…
黄泉からの
殺人者
新名香保

この本《ほん》についた血《ち》は
御主人《ごしゅじん》が血《ち》で書《か》いた
ダイイング
メッセージだと
見《み》てもおかしくは
ないが…
これが何《なに》を
意味《いみ》しているか
さっぱり
ですよね？

□ **title** ［タイトゥル］

名 書名《しょめい》、題名《だいめい》

a《ア》 book《ブック》 title《タイトゥル》
書名《しょめい》

□ **murderer** ［マーダラァ］

名 殺人者《さつじんしゃ》、殺人犯《さつじんはん》

□ **blood** ［ブラッド］

名 血《ち》

scene **255** 看護師《かんごし》さんから情報《じょうほう》が…！

□ **restroom** ［**レ**ストゥルーム］

名 **（公共《こうきょう》の場所《ばしょ》の）トイレ**

御手洗
え？
やっと見《み》つけた！
捜《さが》してたのよ！
タタタ..

捜《さが》してたって…さっきの男《おとこ》の人《ひと》の事《こと》で思《おも》い出《だ》した事《こと》とかあるの？
いや、思《おも》い出《だ》したのは丸眼鏡《まるめがね》の少年《しょうねん》の方《ほう》！
その子《こ》、瑛祐《えいすけ》って名前《なまえ》じゃない？

□ **nurse**

［**ナ**ース］

名 **看護師《かんごし》**

✲「医者《いしゃ》」はdoctor《ダクタァ》

□ **forehead**

［**フォ**ーヘッド］

名 **額《ひたい》、おでこ**

276ページの答《こた》え　○ ㋐goldfish《ゴウルドフィッシュ》 金魚《きんぎょ》　× ㋑dolphin《ダルフィン》 いるか　× ㋒snake《スネイク》 へび

scene

256 こんなところにばくだんがあるなんて…

やはり爆弾《ばくだん》か……

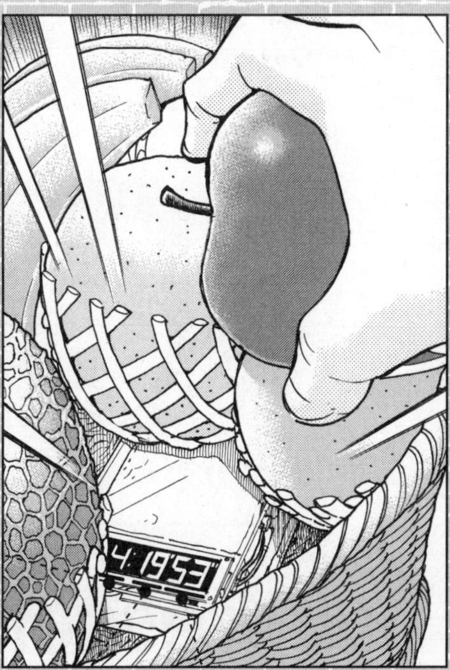
4:19'53"

□ hour ［アウァ］

名 1時間《じかん》

four《フォー》 hours《アウァズ》
4時間《じかん》

□ minute

［ミニット］

名 (時間《じかん》の) 分《ふん》

nineteen《ナインティーン》 minutes《ミニッツ》
19分《ふん》

□ second

［セカンド］

名 (時間《じかん》の) 秒《びょう》

scene **257** さあ、どんなヘアスタイルに？

□ shower ［シャウァ］

名 シャワー

I《アィ》 take《テイク》 a《ア》 shower《シャウァ》 every《エヴリィ》 day《デイ》.
私《わたし》は毎日《まいにち》シャワーを浴《あ》びます。

ウフ♥
ん？
まさかこれで最後《さいご》になっちゃうとはね…
司朗君《しろうくん》の髪《かみ》切るの…
葉坂皆代《はさかみなよ》(29)
美容師《びようし》

□ hairdresser

［ヘァドゥレッサァ］

名 美容師《びようし》

□ haircut

［ヘァカット］

名 散《さん》ぱつ

できるかな？

この女《おんな》の人《ひと》の職業《しょくぎょう》は？

㋐ teacher《ティーチャァ》 ㋑ doctor《ダクタァ》 ㋒ hairdresser《ヘァドゥレッサァ》

〈答《こた》えは2ページ後《あと》に〉

scene

258 小五郎《こごろう》の運転《うんてん》は乱暴《らんぼう》!?

ちょっと何《なに》やってるの?
キュキュ

ゴオォ
交差点《こうさてん》を曲《ま》がる際《さい》は早《はや》めの合図《あいず》に左右確認《さゆうかくにん》!
ちゃんとルールを守《まも》ってくれる?
——ったく…だったら俺《おれ》の車《くるま》に乗《の》るなっつーの!

□ **driver** [ドゥライヴァ]

名 (車《くるま》などを)運転《うんてん》する人《ひと》

□ **turn** [ターン]

動 曲《ま》がる

The《ザ》 car《カー》 is《イズ》 turning《ターニング》 left《レフト》.
車《くるま》は左《ひだり》に曲《ま》がっています。

✲ turning《ターニング》 は turn《ターン》 の ing《アイエンヂー》 形《けい》

□ **corner**

[コーナァ]

名 角《かど》、曲《ま》がり角《かど》

scene **259** みごとなうで前《まえ》!!

□ **ride** ［ライド］

動 （馬《うま》・自《じ》転《てん》車《しゃ》・バイクなどの乗《の》り物《もの》に）乗《の》る

He《ヒー》 can《キャン》 ride《ライド》 a《ア》 horse《ホース》.
かれは馬《うま》に乗《の》れます。

□ **horse**
［ホース］
名 馬《うま》

□ **arrow**
［アロゥ］
名 矢《や》
＊「弓《ゆみ》」は bow《ボウ》

280ページの答《こた》え ✕ ㋐teacher《ティーチャァ》 先生《せんせい》 ✕ ㋑doctor《ダクタァ》 医者《いしゃ》 ○ ㋒hairdresser《ヘアドゥレッサァ》 美容師《びようし》

scene

260 新一《しんいち》が記《き》おくそう失《しつ》に!?

□ nature

[ネイチャァ]

名 自然《しぜん》

□ lake [レイク]

名 湖《みずうみ》

a《ア》 large《ラーヂ》 lake《レイク》

広《ひろ》い湖《みずうみ》

フン！そいつを正気《しょうき》に戻《もど》すのはあきらめな…
あん？
きっと森《もり》のアイツに会《あ》っちまったんだよ！
くわばらくわばら…
おい！ちょー待《ま》て!!

□ leave [リーヴ]

動 (場所《ばしょ》を)はなれる、立《た》ち去《さ》る

They《ゼィ》 are《アー》 leaving《リーヴィング》.

かれらは立《た》ち去《さ》るところです。

✲ leaving《リーヴィング》は leave《リーヴ》の ing《アィエンヂー》形《けい》

scene 261 警察官《けいさつかん》から話《はなし》を聞《き》く蘭《らん》

□ dinosaur ［ダイナソァ］

名 きょうりゅう

じゃあ村長《そんちょう》さんの息子《むすこ》さんの大樹君《だいきくん》は今《いま》、お巡《まわ》りさんの家《いえ》で預《あず》かってるんですか…
ええ…半年前《はんとしまえ》までは誠人君《まことくん》も…
なぁ…さっきから気《き》になってるんやけど、何《なん》で屋田誠人《おくだまこと》なんや?
ヒュ

□ throw ［スロゥ］

動 (～を) 投《な》げる

Heiji《ヘイジ》 is《イズ》 throwing《スロゥイング》 a《ア》 ring《リング》.
平次《へいじ》は輪《わ》を投《な》げています。

✲ throwing《スロゥイング》 は throw《スロゥ》 の ing《アイエンヂー》 形《けい》

□ floor ［フロァ］

名 ゆか

できるかな?

平次《へいじ》の横《よこ》にあるのは何《なん》のぬいぐるみ?

㋐ dinosaur《ダイナソァ》 ㋑ bear《ベァ》 ㋒ panda《パンダ》

〈答《こた》えは2ページ後《あと》に〉

scene **262** 記《き》おくに残《のこ》っているT《ティー》シャツは…

え?

□ **belt**

[ベルト]

名 **ベルト**

彼《かれ》のT《ティー》シャツが真一文字《まいちもんじ》に裂《さ》け…
庄堂胡桃《しょうどうくるみ》(39)
依頼人《いらいにん》
血《ち》がにじみ出《で》ていたのをしっかり覚《おぼ》えていますわ…

□ **sight**

[サイト]

名 **視力《しりょく》、視覚《しかく》**

I《アィ》 have《ハヴ》 bad《バッド》 sight《サイト》.
私《わたし》は視力《しりょく》が悪《わる》い。

その後《ご》 私《わたし》の視力《しりょく》は衰《おとろ》え、今《いま》では全盲《ぜんもう》になってしまいましたが…それだけは忘《わす》れておりません!
こ、この人《ひと》よ! TV《テレビ》に出《で》てたの…
ホー…

□ **blind** [ブラインド]

形 **目《め》の見《み》えない、目《め》の不自由《ふじゆう》な**

a《ア》 blind《ブラインド》 woman《ウマン》
目《め》の不自由《ふじゆう》な女性《じょせい》

scene **263** ジョディ先生《せんせい》、銀行《ぎんこう》で赤井《あかい》を発見《はっけん》!?

□ repeat [リピート]

動 (～を) くり返《かえ》す

She《シィ》 is《イズ》 repeating《リピーティング》 the《ザ》 question《クウェスチョン》.
かのじょは質問《しつもん》をくり返《かえ》しています。

✲ repeating《リピーティング》 は repeat《リピート》 の ing《アイエンヂー》 形《けい》

□ bank

[バンク]

名 銀行《ぎんこう》

秀一《シュウ》なの？
ていと銀行
秀一《シュウ》なんでしょ？
秀一《シュウ》だと言《い》って!!
……
私《わたし》の事《こと》わからない？
口《くち》が利《き》けないの？

□ silent [サイラント]

形 だまっている

a《ア》 silent《サイラント》 person《パースン》
無口《むくち》な人《ひと》

284ページの答《こた》え ○ ㋐dinosaur《ダイナソア》 きょうりゅう ✕ ㋑bear《ベア》 熊《くま》 ✕ ㋒panda《パンダ》 パンダ

scene **264** なぞを解《と》くかぎはイタリアに？

□ country

［**カ**ントゥリィ］

名 国《くに》

さぁ…お金《かね》に困《こま》っていた事《こと》ぐらいしか…
もうすぐ旅行《りょこう》に行《い》くとか言《い》ってたけど…
そうそう、イタリアのレッチェとかいう所《ところ》に…

だったら、そのレッチェって所《ところ》に大事《だいじ》な何《なに》かを隠《かく》しに歩《ある》いて行《い》くつもりだったのかもしれないね！
レッチェ
司郎《しろう》さんって、自分《じぶん》がいなくなったらそこに捜《さが》しに来《き》てって言《い》ってたみたいだし…

□ foreign

［**フォ**ーラン］

形 外国《がいこく》の

a《ア》 foreign《フォーラン》 country《カントゥリィ》
外国《がいこく》

□ Italy

［**イ**タリィ］

名 イタリア

scene **265** 事件《じけん》はスポーツに関係《かんけい》あり

□ golf ball ［ガルフ ボール］

名 **ゴルフボール**

□ volleyball

［ヴァリィボール］

名 **バレーボール**

✲ 球技《きゅうぎ》とボールの両方《りょうほう》を指《さ》す

□ sport

［スポート］

名 **スポーツ**

I《アィ》 like《ライク》 sports《スポーツ》.
私《わたし》はスポーツが好《す》きです。

scene **266** 犯人《はんにん》は本当《ほんとう》は野球《やきゅう》ファン？

まぁ、比護選手《ひごせんしゅ》はもうビッグ大阪《おおさか》の顔《かお》になってて
サポーターのほとんどが比護選手《ひごせんしゅ》のユニホーム着《き》てるから…
試合《しあい》を観《み》に行《い》ったら、知《し》りたくなくても覚《おぼ》えちゃうと思《おも》うけどね…
だから、サッカーの試合《しあい》は今日《きょう》初《はじ》めて観《み》に行《い》って…
あんた野球《やきゅう》ファンやろ？

え？
ビジターもファンもグラウンドも…
みんな野球《やきゅう》で使《つか》う言葉《ことば》や…

□ fan ［ファン］

名 ファン

a《ア》 soccer《サッカァ》 fan《ファン》
サッカーファン

□ chin ［チン］

名 あごの先《さき》

□ uniform ［ユーナフォーム］

名 制服《せいふく》、ユニフォーム

The《ザ》 man《マン》 is《イズ》 wearing《ウェ(ア)リング》 a《ア》 uniform《ユーナフォーム》.
その男《おとこ》の人《ひと》はユニフォームを着《き》ています。

＊ wearing《ウェ(ア)リング》 は wear《ウェア》 の ing《アイエンヂー》 形《けい》

できるかな？

ほとんどのサポーターが着《き》ているものは？

㋐ uniform《ユーナフォーム》 ㋑ raincoat《レインコウト》 ㋒ apron《エイプラン》

〈 答《こた》えは2ページ後《あと》に 〉

scene **267** プレゼントに喜《よろこ》ぶ英《え》理《り》だけど!?

□ kiss ［キッス］

動 （～に）キスする

She《シィ》 is《イズ》 kissing《キッスイング》 Kogoro's《コゴロウズ》 cheek《チーク》.
かのじょは小《こ》五《ご》郎《ろう》のほおにキスしています。

✲ kissing《キッスィング》は kiss《キッス》の ing《アィエンヂー》 形《けい》

ドジな探偵《たんてい》さん♥
Chu

♪～

□ present

［プ**レ**ズント］

名 おくり物《もの》、プレゼント

□ love ［ラヴ］

動 （～を）愛《あい》する、愛《あい》している

Does《ダズ》 she《シィ》 love《ラヴ》 Kogoro《コゴロウ》?
かのじょは小《こ》五《ご》郎《ろう》を愛《あい》していますか？

scene **268** 伝説《でんせつ》の動物《どうぶつ》、きりんとは…

□ **horn** [ホーン]

名 (牛《うし》などの)角《つの》

でもよー…キリンに角《つの》なんかあったか？
あるよ！小《ちい》さいのが2つ…
それは動物《どうぶつ》のキリン！

問題《もんだい》の麒麟《きりん》は…全身《ぜんしん》が黄色《きいろ》い鱗《うろこ》で覆《おお》われていて、姿《すがた》は鹿《しか》、牛《うし》の尾《お》と馬《うま》の蹄《ひづめ》を持《も》ち、龍《りゅう》に似《に》た頭《あたま》から1本《ぽん》角《つの》が生《は》えてる…
中国《ちゅうごく》の伝説上《でんせつじょう》の神獣《しんじゅう》だよ！

□ **stripe**

[ストゥライプ]

名 しま、筋《すじ》

a《ア》 T-shirt《ティー シャート》 with《ウィズ》 stripes《ストゥライプス》
しまもようのT《ティー》シャツ

□ **giraffe**

[ヂラフ]

名 きりん

scene **269** この写真《しゃしん》から何《なに》がわかる？

□ **flute** ［フルート］

名 **フルート**

She《シィ》 can《キャン》 play《プレィ》 the《ザ》 flute《フルート》.
かのじょはフルートをふけます。

□ **picture**

［ピクチャァ］

名 **写真《しゃしん》**

家族《かぞく》の写真《しゃしん》…
音楽《おんがく》一家《いっか》のようだ…
写真《しゃしん》に入《はい》ってる日付《ひづけ》は1年前《ねんまえ》か…

□ **family** ［ファマリィ］

名 **家族《かぞく》**

できるかな？

写真《しゃしん》の左上《ひだりうえ》の女《おんな》の人《ひと》が演奏《えんそう》しているものは？

㋐ guitar《ギター》　㋑ flute《フルート》　㋒ drum《ドゥラム》

〈答《こた》えは2ページ後《あと》に〉

scene 270 クイズ番組《ばんぐみ》を見《み》て、何《なに》かひらめいた!?

□ fire [ファイァ]

名 火《ひ》

ピポン
Q18. この暗号を解け
「ヤメウラノメコ」
(眼鏡をかけて考えてみよう!)

や、屋根裏《やねうら》の猫《ねこ》!
ピポピポン
正解《せいかい》です!!

□ quiz [クウィズ]

名 (テレビなどで知識《ちしき》を問《と》う) クイズ

□ right [ライト]

形 (考《かんが》え・答《こた》えなどが) 正《ただ》しい

✲「まちがった」は wrong《ローング》

the《ザ》 right《ライト》 answer《アンサァ》
正解《せいかい》

scene **271** フルーツパフェを食《た》べていたら！?

甘《あま》くて酸《す》っぱい大事件《だいじけん》の…
始《はじ》まりになるなんて…

□ sweet ［スウィート］

形 あまい

a《ア》 sweet《スウィート》 cherry《チェリィ》
あまいさくらんぼ

＊「すっぱい」は sour《サウァ》

□ ice cream

［アイス クリーム］

名 アイスクリーム

□ cherry

［チェリィ］

名 さくらんぼ

292ページの答《こた》え ✕ ㋐ guitar《ギター》 ギター ◯ ㋑ flute《フルート》 フルート ✕ ㋒ drum《ドゥラム》 たいこ

scene **272** 新一《しんいち》と阿笠博士《あがさはかせ》が変装《へんそう》して飛行機《ひこうき》へ！

□ sneeze ［スニーズ］

名 くしゃみ

へっくしょん
冷房《れいぼう》利《き》きすぎなんじゃねーか？この飛行機《ひこうき》…
グズッ
コレ！あんまり目立《めだ》っちゃいかんぞ！
もしも、同《おな》じ便《びん》に乗《の》っている事《こと》が蘭君達《らんくんたち》にバレたら…
大丈夫《だいじょうぶ》だよ！あっちはファーストクラス！こっちには来《こ》ねぇから…
しかし、哀君《あいくん》の名案《めいあん》のお陰《かげ》じゃな…薬《くすり》で一時的《いちじてき》に体《からだ》を工藤新一《くどうしんいち》に戻《もど》して出国審査《しゅっこくしんさ》をパスするとは…

□ trip ［トゥリップ］

名 旅行《りょこう》

a《ア》 foreign《フォーラン》 trip《トゥリップ》
外国旅行《がいこくりょこう》

□ wrist ［リスト］

名 手首《てくび》

scene 273 ツール・ド・フランスはビッグイベント！

□ race［レイス］

名 競走《きょうそう》、レース

a《ア》 bike《バイク》 race《レイス》
自転車《じてんしゃ》レース

いや…あの紙《かみ》を渡《わた》された子《こ》の中《なか》に自転車《じてんしゃ》レース用《よう》のメットを被《かぶ》ってた子《こ》も結構《けっこう》いたから、それはないと思《おも》うよ！
TV《テレビ》にかじりついて、毎日《まいにち》 ツール・ド・フランスを観《み》てるって言《い》ってたし…
ツール・ド…って、何《なん》だそりゃ？
7月《がつ》の頭《あたま》から約《やく》1か月《げつ》かけてフランスでやる自転車《じてんしゃ》レースだよ！
そのレース中継《ちゅうけい》とウインブルドンの中継《ちゅうけい》はほとんど被《かぶ》ってるから、2つ同時《どうじ》には観《み》れないよ…

□ bike［バイク］

名 自転車《じてんしゃ》

I《アィ》 ride《ライド》 a《ア》 bike《バイク》.
私《わたし》は自転車《じてんしゃ》に乗《の》ります。

□ cycling［サイクリング］

名 サイクリング、自転車《じてんしゃ》に乗《の》ること

scene 274 あちこちで手《て》がかりを探《さが》す小五郎《こごろう》と蘭《らん》！

□ park
［パーク］
名 公園《こうえん》

□ museum
［ミューズィーアム］
名 博物館《はくぶつかん》

大英博物館《だいえいはくぶつかん》…
バッキンガム宮殿《パレス》…
ハイド・パーク…

□ palace ［パリス］
名 宮《きゅう》でん、王宮《おうきゅう》

Buckingham《バッキンガム》 Palace《パリス》
バッキンガム宮《きゅう》でん

——って、一通《ひとと》り人《ひと》が集《あつ》まりそうな場所《ばしょ》には行《い》ってみたが…
怪《あや》しい所《ところ》はなかったね…変《へん》なビラを配《くば》ってる人《ひと》もいなかったし…

scene **275** コナンと阿笠《あがさ》博士《はかせ》もロンドン市内《しない》を調査中《ちょうさちゅう》

□ **top** ［**タ**ップ］

名 **頂上《ちょうじょう》、てっぺん**

the《ザ》 top《タップ》 of《アヴ》 the《ザ》 tower《タウァ》
とうのてっぺん

□ **London** ［**ラ**ンダン］

名 **ロンドン**

＊ イギリスの首都《しゅと》

□ **tower** ［**タ**ウァ］

名 **とう、タワー**

ふぅ…
何《なに》がロンドン・アイじゃ! ビッグベンのそばじゃないか!
ピッ

scene **276** テニスの試合《しあい》中《ちゅう》に何《なに》かが起《お》こっている！？

□ serve ［サーヴ］

動 (ボールを) サーブする

Who's《フーズ》 serving《サーヴィング》?
サーブしているのはだれですか？

✲ serving《サーヴィング》は serve《サーヴ》の ing《アィエンヂー》 形《けい》

つなげると「HELP《ヘルプ》」！
「助《たす》けて」だ!!

□ tennis

［テニス］

名 テニス

□ help ［ヘルプ］

動 (～を) 手伝《てつだ》う、助《たす》ける

Help《ヘルプ》 me《ミー》!
助《たす》けて！

できるかな？

コナンが見《み》ているスポーツは？

㋐ table《テイブル》 tennis《テニス》　㋑ tennis《テニス》　㋒ basketball《バスキットゥボール》

〈答《こた》えは２ページ後《あと》に〉

scene **277** 小五郎《こごろう》、大人気《だいにんき》！

□ university ［ユーナ**ヴァ**ースィティ］

名 **大学《だいがく》**

米花大学祭
では、ご紹介《しょうかい》しましょう！
この米花大学《べいかだいがく》のOB《オービー》であり、名探偵《めいたんてい》でもある…

毛利《もうり》小五郎《こごろう》さんですー!!

□ famous

［**フェ**イマス］

形 **（よい意味《いみ》で）有名《ゆうめい》な**

a《ア》 famous《フェイマス》 person《パースン》
有名《ゆうめい》な人《ひと》

□ introduce

［イントゥラ**ドゥ**ース］

動 **（人《ひと》を）しょうかいする**

She《シィ》 is《イズ》 introducing《イントゥラドゥースィング》 Kogoro《ココロウ》.
かのじょは小五郎《こごろう》をしょうかいしています。

＊ introducing《イントゥラドゥースィング》 は introduce《イントゥラドゥース》 の ing《アィエンヂー》 形《けい》

scene 278 蘭《らん》と真純《ますみ》が男《おとこ》に立《た》ち向《む》かう！

□ gun ［ガン］

名 じゅう、ピストル

おい お前《まえ》!!
一体《いったい》 どーいう つもりで…
ダン
ガッ!!

□ fight ［ファイト］

動 (〜と) 戦《たたか》う、争《あらそ》う

Masumi《マスミ》 is《イズ》 fighting《ファイティング》.
真純《ますみ》は戦《たたか》っています。

✲ fighting《ファイティング》 は fight《ファイト》 の ing《アイエンヂー》 形《けい》

□ leg ［レッグ］

名 あし

299ページの答《こた》え ✕ ㋐table《テイブル》 tennis《テニス》 たっ球《きゅう》 ○ ㋑tennis《テニス》 テニス ✕ ㋒basketball《バスキットゥボール》 バスケットボール

279 ネットで情報《じょうほう》を集《あつ》めるコナンと灰原《はいばら》

□ website ［ウェブサイト］

名 ウェブサイト

ちなみに、未紅《みく》さんの兄《あに》の沢栗《さわぐり》さんも検索《けんさく》したら、サバイバルゲームのチームのリーダーで引《ひ》っ掛《か》かったわ…
Green Cap
Isao Sawaguri
チーム名《めい》はグリーンキャップ…
アメリカ陸軍《りくぐん》特殊部隊《とくしゅぶたい》、グリーンベレーのもじりだな…

この3人《にん》の見《み》た目《め》からするとゾウは光井《みつい》さんで、ネズミは湯地《ゆち》さん、キツネが二瓶《にへい》さんのようだけど…
断定《だんてい》するのはまだ早《はや》いな…

□ Internet ［インタァネット］

名 インターネット

□ search ［サーチ］

動 (～を) 検《けん》さくする、さがす

Haibara《ハイバラ》 is《イズ》 searching《サーチング》 the《ズィ》 Internet《インタァネット》.
灰原《はいばら》はインターネットを検《けん》さくしています。

✲ searching《サーチング》 は search《サーチ》 の ing《アイエンヂー》 形《けい》

scene **280** おなかがすいたら…アメ？

□ menu ［メニュー］

名 こんだて表《ひょう》、メニュー

They《ゼィ》 are《アー》 looking《ルッキング》 at《アット》 the《ザ》 menu《メニュー》.
かれらはメニューを見《み》ています。

✲ looking《ルッキング》は look《ルック》の ing《アイエンヂー》形《けい》

おなか空《す》いたなぁ…
うん…
まだ平次《へいじ》らかかるんやろか…
かも…
メニュー見《み》てるとヨダレ出《で》て来《き》そうでヤバイね…
ほんならアメちゃんいる？
アメちゃん？
ゴソ
飴玉《あめだま》の事《こと》やで！

□ candy
［キャンディ］

名 キャンディー

□ cheek
［チーク］

名 ほお

できるかな？

蘭《らん》と和葉《かずは》が見《み》ているものは？

㋐ magazine《マガズィーン》 ㋑ TV《ティーヴィー》 ㋒ menu《メニュー》

〈答《こた》えは2ページ後《あと》に〉

281 どの料理《りょうり》もおいしそうだけど！？

□ salty ［ソールティ］

形 **塩気《しおけ》のある**

salty《ソールティ》 food《フード》
塩気《しおけ》のある食《た》べ物《もの》

アタシが食《た》べてるこのカレーと…
小五郎《こごろう》さんが食《た》べてはる塩《しお》ラーメンと…
蘭《らん》ちゃんが食《た》べてる麻婆豆腐《マーボーどうふ》の3品《ぴん》や！
え？

□ spicy ［スパイスィ］

形 **スパイスのきいた**

a《ア》 spicy《スパイスィ》 dish《ディッシュ》
スパイスのきいた料理《りょうり》

□ egg ［エッグ］

名 **卵《たまご》**

a《ア》 boiled《ボイルド》 egg《エッグ》
ゆで卵《たまご》

scene **282** スニーカーを干《ほ》すときの、ちょっとしたくせ

□ hang ［ハング］

動 (～を)つるす、かける

Hang《ハング》 this《ズィス》 coat《コウト》 in《イン》 the《ザ》 wardrobe《ウォードゥロウブ》.
このコートを洋服《ようふく》だんすにつるしてください。

□ pair ［ペァ］

名 組《くみ》、対《つい》

a《ア》 pair《ペァ》 of《アヴ》 sneakers《スニーカァズ》
スニーカー1足《そく》

□ sneaker

［スニーカァ］

名 運動《うんどう》ぐつ、スニーカー

布製《ぬのせい》のスニーカーとかを丸洗《まるあら》いして干《ほ》す時《とき》に、ヒモがそうなってると吊《つ》るしやすいって兄《あに》が…
さすがにブーツは洗《あら》いませんけど癖《くせ》だけが残《のこ》ってて…
…もうその兄《あに》もいませんけど…
警部殿《けいぶどの》…今夜《こんや》はこれ位《くらい》にしていいんじゃないっスか? 兄《あに》を亡《な》くされて間《ま》もないし、見知《みし》らぬ男《おとこ》に目《め》の前《まえ》で自殺《じさつ》されたんですから…
ウム…

scene 283 勝手《かって》に人《ひと》の家《いえ》に入《はい》るコナン！

□ **omelet** ［**ア**ムリット］

名 オムレツ

すごーい、オムレツだ！おいしそー!!
コラ このガキ!!

二度《にど》と来《く》るな!!

□ **close** ［ク**ロ**ウズ］

動 (ドア・店《みせ》などを) 閉《し》める

Please《プリーズ》 close《クロウズ》 the《ザ》 door《ドア》.
ドアを閉《し》めてください。

□ **butter** ［**バ**タァ］

名 バター

□ cloudy ［クラウディ］

形 (空《そら》・天候《てんこう》が) くもった

It's《イッツ》 cloudy《クラウディ》 now《ナゥ》.
今《いま》、くもっています。

—北海道《ほっかいどう》—
おい目暮《めぐれ》!!
高木《たかぎ》はまだ見《み》つからんのか!?
はい…道警本部《どうけいほんぶ》のヘリにも捜索《そうさく》してもらっているんですが…
場所《ばしょ》をもっと絞《しぼ》り込《こ》まないととても…

□ air ［エァ］

名 空中《くうちゅう》、空《そら》

□ helicopter

［ヘリカプタァ］

名 ヘリコプター

できるかな？

目暮警部《めぐれけいぶ》が乗《の》っているものは？

㋐ helicopter《ヘリカプタァ》 ㋑ bike《バイク》 ㋒ bus《バス》

〈答《こた》えは2ページ後《あと》に〉

高木《たかぎ》刑事《けいじ》が危《あぶ》ない！

□ weak

[ウィーク]

形 (体力《たいりょく》などが) 弱《よわ》い

✲「強《つよ》い」は strong《ストゥローング》

a《ア》 weak《ウィーク》 voice《ヴォイス》
弱々《よわよわ》しい声《こえ》

□ thirsty

[サースティ]

形 のどがかわいた

✲「空腹《くうふく》の」は hungry《ハングリィ》

He《ヒー》 is《イズ》 very《ヴェリィ》 thirsty《サースティ》.
かれはとてものどがかわいています。

ハア
ハア

おい、どーした高木《たかぎ》？
何《なん》で叫《さけ》ばない!?
衰弱《すいじゃく》しきって声《こえ》が出《だ》せないのよ…
2日《か》以上《いじょう》水《みず》を口《くち》にしてないからノドはカラカラだろうし…

□ video camera

[ヴィディオウ キャマラ]

名 ビデオカメラ

scene **286** 事情《じじょう》ちょう取《しゅ》の相手《あいて》はまんが家《か》！

G《ジー》ペンに丸《まる》ペンに筆《ふで》に…
墨汁《ぼくじゅう》にインク…

□ **marker** [マーカァ]

名 **マーカー、フェルトペン**

マンガ家《か》よ！
美園《みその》ことりってペンネーム聞《き》いた事《こと》ない？
井筒尚子《いづつなおこ》(32)
マンション住人《じゅうにん》
それって千葉《ちば》がハマってる美少女《びしょうじょ》探偵《たんてい》マンガの…
…ちゅう事《こと》はあんたなら思《おも》いつけそうやなァ…

□ **cartoon**

[カート**ゥ**ーン]

名 **(新聞《しんぶん》・雑誌《ざっし》などの)まんが**

□ **cartoonist** [カート**ゥ**ーニスト]

名 **まんが家《か》**

She《シィ》 is《イズ》 a《ア》 cartoonist《カートゥーニスト》.
かのじょはまんが家《か》です。

307ページの答《こた》え ○ ㋐helicopter《ヘリカプタァ》 ヘリコプター ✕ ㋑bike《バイク》 自転車《じてんしゃ》 ✕ ㋒bus《バス》 バス

scene **287** 今日《きょう》はお花《はな》見《み》だ！

□ blossom
［ブラッサム］

名 （特《とく》に果実《かじつ》のなる木《き》の）花《はな》

cherry《チェリィ》 blossoms《ブラッサムズ》
桜《さくら》の花《はな》

□ spring
［スプリング］

名 春《はる》

おぉー
桜満開《さくらまんかい》じゃー!!

神社《じんじゃ》で花見《はなみ》もいいもんじゃのォ！
天気《てんき》もいいしね！
まさに花見日和《はなみびより》です！

□ stand ［スタンド］

名 売店《ばいてん》、屋台《やたい》

a《ア》 hot《ハット》 dog《ドーグ》 stand《スタンド》
ホットドッグの売店《ばいてん》

できるかな？

桜《さくら》の花見《はなみ》の季節《きせつ》といえば？

㋐ summer《サマァ》 ㋑ winter《ウィンタァ》 ㋒ spring《スプリング》

〈答《こた》えは2ページ後《あと》に〉

scene **288** お金《かね》持《も》ちっぽいこの男《おとこ》は！?

□ convenience store

［カン**ヴィ**ーニャンス ストァ］

名 コンビニエンスストア

1325円《えん》になります…
カードで…
ウィーン
ベンツのキーにプラチナカード…
どっかのボンボンかしら…

□ credit card

［ク**レ**ディット カード］

名 クレジットカード

□ pay ［**ペ**ィ］

動（代金《だいきん》を）はらう

The《ザ》 customer《カスタマァ》 is《イズ》 paying《ペィイング》 for《フォア》 the《ザ》 goods《グッヅ》.
客《きゃく》が品物《しなもの》の支《し》はらいをしています。

✲ paying《ペィイング》は pay《ペィ》の ing《アィエンヂー》 形《けい》

scene **289** 塩《しお》水《みず》のこさを調《ちょう》整《せい》して！？

□ **salt** ［**ソ**ールト］

名 塩《しお》

前《まえ》もって塩《しお》を…
トマトが浮《う》きそうで浮《う》かないギリギリの量《りょう》だけ溶《と》かしておけば…
塩《しお》をパラパラ降《ふ》りかけるだけで…

□ **bottom** ［**バ**タム］

名 底《そこ》、底面《ていめん》

the《ザ》 bottom《バタム》 of《アヴ》 a《ア》 cup《カップ》
カップの底《そこ》

□ **tomato** ［タ**メ**イトウ］

名 トマト

310ページの答《こた》え ✕ ㋐ summer《サマァ》 夏《なつ》 ✕ ㋑ winter《ウィンタァ》 冬《ふゆ》 ○ ㋒ spring《スプリング》 春《はる》

scene **290** ちょっと場《ば》ちがいかな…

□ **cupcake** ［**カ**ップケイク］

名 カップケーキ

ア!!!!!!…
京極《きょうごく》さんかわいー♡
でしょでしょ♡
空手《からて》の達人《たつじん》とは思《おも》えないセリフだね…
……
アフタヌーンティーで女子会《じょしかい》で恋《こい》バナ…
オレはここにいていいんだろうか…

□ **muffin** ［**マ**フィン］

名 マフィン

✲ パンの一種《いっしゅ》

□ **rose** ［**ロ**ウズ］

名 ばら

scene **291** 地下鉄《ちかてつ》の記号《きごう》が暗号《あんごう》になっているなんて！

□ number [**ナ**ンバァ]

名 数《かず》、数字《すうじ》、番号《ばんごう》

つまり、「E《イー》2②」は「麻《ま》」、「Ⓨ《ワイ》21」は「月《つき》」、「Ⓖ《ジー》11」は「日本《にほん》」に関係《かんけい》する暗号《あんごう》…
E 22
Y 21
G 11
これだけヒントがあれば地下鉄《ちかてつ》の路線記号《ろせんきごう》と駅番号《えきばんごう》だって事《こと》はすぐにわかったよ！

□ line [**ラ**イン]

名 (バス・列車《れっしゃ》などの)路線《ろせん》

□ subway

[**サ**ブウェィ]

名 地下鉄《ちかてつ》

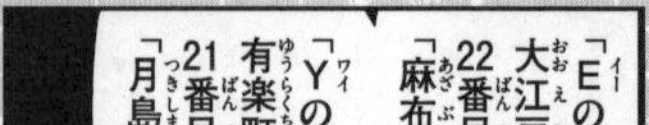

「E《イー》の22」は大江戸線《おおえどせん》の22番目《ばんめ》の駅《えき》の「麻布十番《あざぶじゅうばん》」！
「Y《ワイ》の21」は有楽町線《ゆうらくちょうせん》の21番目《ばんめ》の駅《えき》の「月島《つきしま》」！
「G《ジー》の11」は銀座線《ぎんざせん》の11番目《ばんめ》の駅《えき》の「日本橋《にほんばし》」だってな！
麻布十番駅
Azabu-jūban Sta.
N 04 南北線
Namboku Line
E 22 都営大江戸線
Ōedo Line
Y 21 有楽町線
Yūrakuchō Line
月島駅
Tsukishima Sta.
三越前
みつこしまえ
G 11 日本橋
にほんばし
京橋

Let's《レッツ》 take《テイク》 the《ザ》 subway《サブウェィ》.
地下鉄《ちかてつ》に乗《の》ろう。

scene 292 いるかのショーに大興奮《だいこうふん》！

□ full ［フル］

形 いっぱいの

The《ザ》 concert《カンサート》 hall《ホール》 is《イズ》 full《フル》.
コンサートホールはいっぱいです。

□ trainer

［トゥレイナァ］

名（競走馬《きょうそうば》や、ショーに出《で》る動物《どうぶつ》などの）調教師《ちょうきょうし》、訓練係《くんれんがかり》

□ pool ［プール］

名 プール

scene **293** 今日《きょう》はみんなで水族館《すいぞくかん》へ！

□ **aquarium** ［アク**ウェ**（ァ）リアム］

名 水族館《すいぞくかん》

□ **shark** ［**シャ**ーク］

名 さめ

すっげー!!
お魚《さかな》さんいっぱーい♡
海《うみ》の中《なか》にいるみたいですー♪

□ **arch** ［**ア**ーチ］

名 アーチ、弓形《ゆみがた》の門《もん》

できるかな？

蘭《らん》と子《こ》どもたちはどこにいる？

㋐ bank《バンク》 ㋑ aquarium《アクウェ(ァ)リアム》 ㋒ supermarket《スーパァマーキット》

〈答《こた》えは2ページ後《あと》に〉

scene 294 たこあげ大会《たいかい》の会場《かいじょう》で！？

□ contest ［カンテスト］

名 コンテスト

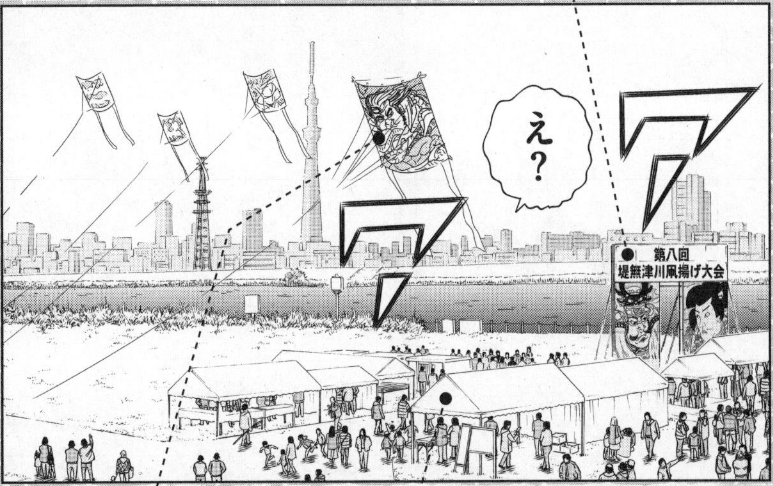
え？
第八回
堤無津川凧揚げ大会

灰原《はいばら》が聴《き》いてる曲《きょく》？
うん…ときどき幸《しあわ》せそうな顔《かお》してハミングしてるの…

□ kite ［カイト］

名 （たこあげの）たこ

Let's《レッツ》 fly《フライ》 a《ア》 kite《カイト》.

たこをあげよう。

□ tent ［テント］

名 テント

295 この答《とう》案《あん》用《よう》紙《し》にヒントがある？

□ test ［テスト］

名 テスト、試験《しけん》

これが問題《もんだい》の答案用紙《とうあんようし》か…
すみません…今《いま》、鑑識《かんしき》さんが指紋《しもん》などを調《しら》べていて…
手元《てもと》にあるのはこの写真《しゃしん》だけで…

ウーーム…
テスト なまえ ただたみゆき
100
80
5−3=2
4+5=9
3−2=1
1+7=8
9−6=3

□ correct

［カ**レ**クト］

形 正《ただ》しい、正確《せいかく》な

a《ア》 correct《カレクト》 answer《アンサァ》
正《ただ》しい答《こた》え、正解《せいかい》

□ wrong ［**ロ**ーング］

形 (考《かんが》え・選《せん》たくなどが)まちがった、誤《あやま》った

a《ア》 wrong《ローング》 answer《アンサァ》
まちがった答《こた》え、不正解《ふせいかい》

316ページの答《こた》え　✕ ㋐bank《バンク》 銀行《ぎんこう》　○ ㋑aquarium《アクウェ(ア)リアム》 水族館《すいぞくかん》　✕ ㋒supermarket《スーパァマーキット》 スーパー

scene 296 ホテルのプールにやって来《き》たコナンたち

□ body ［バディ］

名 体《からだ》、身体《しんたい》

a《ア》 strong《ストゥローング》 body《バディ》
じょうぶな体《からだ》

わー!!

□ elbow ［エルボゥ］

名 ひじ

□ swimming pool

［スウィミング プール］

名 プール

広《ひろ》いねー！
まぁ、ウチの別荘《べっそう》のプールよりはちょっち狭《せま》いかも…
どんだけ広《ひろ》い別荘《べっそう》なんだよ…

297 かのじょの写真《しゃしん》をチェックしてみると？

沙弥《さや》さんのはほとんど自分《じぶん》が写《うつ》ってないじゃやない！
たまに写《うつ》っててもすっごく小《ちい》さいし…

□ cake

［ケイク］

名 ケーキ

a《ア》 chocolate《チョーカラット》 cake《ケイク》
チョコレートケーキ

□ chick

［チック］

名 ひな鳥《どり》、ひよこ

□ pet ［ペット］

名 ペット

I《アイ》 have《ハヴ》 a《ア》 pet《ペット》.
私《わたし》はペットを飼《か》っています。

scene **298** 安室《あむろ》はギターもうまい！

□ **eyebrow**

［**ア**ィブラゥ］

名 **まゆ、まゆ毛《げ》**

□ **melody**

［**メ**ラディ］

名 **メロディー、せん律《りつ》**

□ **guitar**

［**ギ**ター］

名 **ギター**

He《ヒー》 can《キャン》 play《プレィ》 the《ザ》 guitar《ギター》.
かれはギターをひけます。

できるかな？

安室《あむろ》がひいているものは？

㋐ **piano《ピアノゥ》** ㋑ **violin《ヴァイアリン》** ㋒ **guitar《ギター》**

〈答《こた》えは2ページ後《あと》に〉

scene 299 事件現場《じけんげんば》の検証《けんしょう》をする目暮警部《めぐれけいぶ》

□ smartphone [スマートフォウン]

名 スマートフォン、スマホ

□ studio [ストゥーディオゥ]

名 スタジオ

なるほど…
SOUND STUDIO
HAKOBUNE

自分達《じぶんたち》の演奏《えんそう》を録画《ろくが》する為《ため》に…
こうやって携帯電話《けいたいでんわ》をセットした自撮《じど》り棒《ぼう》をマイクスタンドに付《つ》けていたせいで…

□ drum [ドゥラム]

名 たいこ、ドラム

Do《ドゥー》 you《ユー》 play《プレィ》 the《ザ》 drums《ドゥラムズ》?
あなたはドラムを演奏《えんそう》しますか?

scene # 300 動画《どうが》で事件《じけん》が解決《かいけつ》する!?

□ drummer ［ドゥラマァ］

名 ドラム奏者《そうしゃ》、ドラマー

4人《にん》のそれぞれの立《た》ち位置《いち》ですよ!
立《た》ち位置《いち》?

ドラムの場所《ばしょ》は最初《さいしょ》から固定《こてい》されていて動《うご》かせないし…
真《ま》ん中《なか》のギターとベースの2人《り》はどう動《うご》いても画面《がめん》に納《おさ》まりますが…

□ guitarist

［ギターリスト］

名 ギター奏者《そうしゃ》、ギタリスト

□ band ［バンド］

名 (音楽《おんがく》を演奏《えんそう》する)バンド

a《ア》 rock《ラック》 band《バンド》
ロックバンド

321ページの答《こた》え ✕ ㋐piano《ピアノゥ》 ピアノ ✕ ㋑violin《ヴァイアリン》 バイオリン ○ ㋒guitar《ギター》 ギター

書《か》かれた紙《かみ》の形《かたち》が気《き》になる！

□ cut ［カット］

動 (はもので) (〜を) 切《き》る

Don't《ドウント》 cut《カット》 the《ザ》 paper《ペイパァ》.
その紙《かみ》を切《き》ってはいけません。

いや…見《み》た所《ところ》この家《いえ》にはコピー機《き》はない…
コピーするにはここから歩《ある》いて10分《ぶん》ぐらいのコンビニに行《い》かなきゃならないはず…
しかもコピー機《き》の紙《かみ》は長方形《ちょうほうけい》…
この暗号《あんごう》の紙《かみ》のように正方形《せいほうけい》にするにはまた一手間《ひとてま》かかる…

□ square

［スクウェア］

名 正方形《せいほうけい》、四角《しかく》

□ rectangle ［レクタングル］

名 長方形《ちょうほうけい》

scene **302** じかに見《み》るのは苦手《にがて》らしい…

写真《しゃしん》の中《なか》だったらかわいい昆虫《こんちゅう》じゃと割《わ》り切《き》れるんじゃが…
生《なま》で動《うご》いておるのを見《み》るとやはりキツイわい…

□ **ant** [アント]

名 **あり**

□ **insect**

[インセクト]

名 **こん虫《ちゅう》**

□ **page** [ペイヂ]

名 **(本《ほん》などの) ページ**

Open《オウプン》 your《ユア》 textbooks《テクストブックス》 to《トゥー》 page《ペイヂ》 25《トゥウェンティファイヴ》.
教科書《きょうかしょ》の 25 ページを開《ひら》きなさい。

できるかな？

本《ほん》には何《なん》の写真《しゃしん》がのっている？

㋐ dog《ドーグ》 ㋑ ant《アント》 ㋒ snake《スネイク》

〈答《こた》えは2ページ後《あと》に〉

303 事件《じけん》に使《つか》われたカプセルはどこから？

□ waterspout ［ウォータァスパウト］

名 雨《あま》どい

雨水《あまみず》みたいに下《した》に落《お》ちて…
コン
雨樋《あまどい》の出口《でぐち》から出《で》て来《き》たんだよ！
コロ

□ roll ［ロウル］

動 転《ころ》がる

The《ザ》 ball《ボール》 is《イズ》 rolling《ロウリング》.
ボールは転《ころ》がっています。

✲ rolling《ロウリング》 は roll《ロウル》 の ing《アィエンヂー》 形《けい》

□ down ［ダウン］

副 下《した》へ[に]

The《ザ》 ball《ボール》 is《イズ》 going《ゴウイング》 down《ダウン》.
ボールは下《した》に落《お》ちています。

✲ going《ゴウイング》 は go《ゴゥ》 の ing《アィエンヂー》 形《けい》

scene **304** あやしい物《もの》がないかどうかをチェック！

けど、増子《ますこ》さんの携帯《けいたい》
預《あず》かりに行《い》った時《とき》、
部屋《へや》ん中《なか》も調《しら》べさせて
もろたけど
棒《ぼう》みたいな物《もん》は
なかったで？
ああ…
部屋《へや》にあった
めぼしい物《もの》は…

村長《そんちょう》さんに頼《たの》んでた
1リットルの炭酸水《たんさんすい》2本《ほん》と
白《しろ》ワインのボトルとグラスと
ソムリエナイフ…
後《あと》は、増子《ますこ》さんの
バッグに入《はい》ってた
ボールペンとかの
筆記用具《ひっきようぐ》と紙《かみ》テープと
ソーイングセット、
手帳《てちょう》ぐらいだったな…

□ soda ［ソウダ］

名 炭酸水《たんさんすい》、炭酸飲料《たんさんいんりょう》

I《アィ》 like《ライク》 soda《ソウダ》.
私《わたし》は炭酸飲料《たんさんいんりょう》が好《す》きです。

□ sewing kit

［ソウイング キット］

名 裁《さい》ほうセット

□ pencil case

［ペンサル ケイス］

名 筆箱《ふでばこ》

325ページの答《こた》え　✕ ㋐dog《ドーグ》 犬《いぬ》　○ ㋑ant《アント》 あり　✕ ㋒snake《スネイク》 へび

scene **305** 平次《へいじ》の出場《しゅつじょう》するけん道《どう》大《たい》会《かい》で事件《じけん》が！

□ gym [ヂム]

名 **体育館《たいいくかん》、ジム**

て、でも…
犯人《はんにん》はカッターナイフを凶器《きょうき》に使《つか》ったんだろ？

私《わたし》もそんな物《もの》持《も》ってないが…
そもそもそこから間違《まちご》うてたんや…

□ front [フラント]

名 **前《まえ》、(〜の) 正面《しょうめん》**

the《ザ》 front《フラント》 of《アヴ》 the《ザ》 gym《ヂム》
体育館《たいいくかん》の正面《しょうめん》

□ bench [ベンチ]

名 **ベンチ、長《なが》いす**

scene **306** 修《しゅう》学《がく》旅《りょ》行《こう》って楽《たの》しいな♫

□ sandwich ［サンドゥウィッチ］

名 サンドイッチ

□ arrive ［アライヴ］

動 とう着《ちゃく》する、着《つ》く

They《ゼィ》 are《アー》 arriving《アライヴィング》 at《アット》 the《ザ》 temple《テンプル》.
かれらはそのお寺《てら》に着《つ》くところです。

✲ arrive《アライヴ》 at《アット》 ～で「～にとう着《ちゃく》する」を表《あらわ》す。
arriving《アライヴィング》 は arrive《アライヴ》 の ing《アイエンヂー》 形《けい》

□ school trip

［スクール トゥリップ］

名 修《しゅう》学《がく》旅《りょ》行《こう》

できるかな？

園《その》子《こ》が差《さ》し出《だ》している食《た》べ物《もの》は？

㋐ sandwich《サンドゥウィッチ》 ㋑ spaghetti《スパゲティ》 ㋒ beefsteak《ビーフステイク》

〈答《こた》えは２ページ後《あと》に〉

scene 307 ばんそうこうをはられているのは、少年時代《しょうねんじだい》の安室《あむろ》！

□ container ［カンテイナァ］

名 入《い》れ物《もの》、容器《ようき》

a《ア》 glass《グラス》 container《カンテイナァ》
ガラスの容器《ようき》

□ lid ［リッド］

名 ふた

□ care ［ケァ］

名 世話《せわ》、保護《ほご》、看護《かんご》

はい！消毒《しょうどく》終《お》わり！後《あと》は明美《あけみ》！絆創膏《ばんそうこう》貼《は》ってあげて！
オッケー！

珍《めずら》しいな…人見知《ひとみし》りで患者《かんじゃ》さんとも必要《ひつよう》な事《こと》しか話《はな》さない君《きみ》が…
他人《よそ》の子《こ》と仲良《なかよ》く話《はな》すなんて…
あなた…

あの子《こ》は特別《とくべつ》！私《わたし》と同《おな》じハーフだから…
じっとしててよね！
なるほど…

scene **308** 宝石《ほうせき》にもくわしい平次《へいじ》！

せやけどホンマのコンクパールはメキシコ湾《わん》やカリブ海《かい》とかに生息《せいそく》しとるピンク貝《がい》からしか採《と》れへんし…
コンクパールは虹色《にじいろ》に光《ひか》る「オリエント効果《こうか》」やのーて、表面《ひょうめん》に出《で》る「火焔模様《かえんもよう》」っちゅうきれいな曲線《きょくせん》の模様《もよう》が特徴《とくちょう》や！
つまり…
メキシコ湾
カリブ海

□ **shell**

［**シ**ェル］

名 **貝《かい》がら**

□ **continent**

［**カ**ンタナント］

名 **大陸《たいりく》**

□ **ocean** ［**オ**ウシャン］

名 **海《うみ》、海洋《かいよう》**

the《ザ》 Pacific《パスィフィック》 Ocean《オウシャン》
太平洋《たいへいよう》

329ページの答《こた》え　○ ㋐sandwich《サンドゥウィッチ》 サンドイッチ　× ㋑spaghetti《スパゲティ》 スパゲッティ　× ㋒beefsteak《ビーフステイク》 ビーフステーキ

scene **309** 歩《あゆ》美《み》からのプレゼント！

じゃあ若狭《わかさ》先生《せんせい》にあげるよ！
え？

だって先生《せんせい》けっこードジだからお守《まも》り！
ありがと…

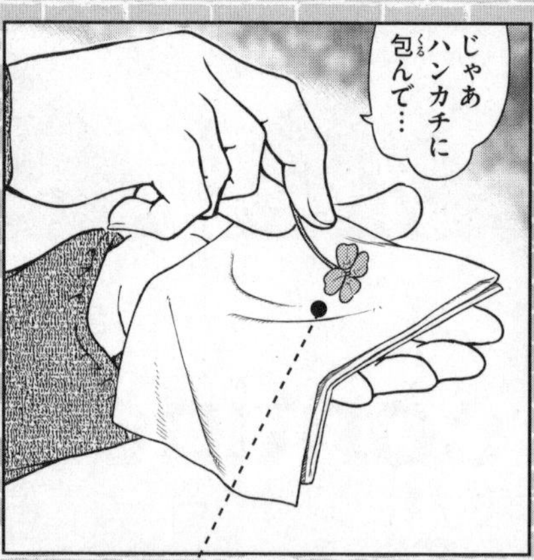
じゃあハンカチに包《くる》んで…

□ zipper

[**ズィ**ッパァ]

名 **ファスナー、ジッパー**

□ clover

[ク**ロ**ウヴァ]

名 **クローバー**

□ good

[**グ**ッド]

形 **よい**

✲「悪《わる》い」は bad《バッド》

a《ア》 good《グッド》 girl《ガール》
よい女《おんな》の子《こ》

310 やっかいなやつがやって来《き》た!?

ま、まさか
シビレを切《き》らして
直接《ちょくせつ》訪《たず》ねて
来《き》たのか!?
ピンポーン
ピンポーン
何《なん》とか
追《お》っ払《ぱら》い
なさいよ!!
サッ

ピンポーン

□ **chime**

［チャイム］

名 かねの音《おと》、チャイム

□ **sleeve**

［スリーヴ］

名 (衣服《いふく》の) そで

□ **blouse**

［ブラウス］

名 ブラウス

311 夕《ゆう》暮《ぐ》れの港《みなと》はロマンチック!?

□ horizon ［ハライズン］

名 水平線《すいへいせん》、地平線《ちへいせん》

□ port

［ポート］

名 港《みなと》

a《ア》 fishing《フィッシング》 port《ポート》
漁港《ぎょこう》

□ shadow

［シャドウ］

名 (人《ひと》や物《もの》の)かげ

✲ shadow《シャドウ》は、人《ひと》や物《もの》が光《ひかり》をさえぎってできる形《かたち》を表《あらわ》す。光《ひかり》の当《あ》たらない「木《こ》かげ」などの「かげ」を指《さ》すときはshade《シェイド》

312 まさか、火《か》事《じ》になっているのは!?

□ **smoke** [スモウク]

名 けむり

──って…煙《けむり》が上《あ》がってる?
岸本《きしもと》さんの家《いえ》の辺《あた》りから…
ええっ!?

□ **chimney** [チムニィ]

名 (屋根《やね》の)えんとつ

a《ア》 tall《トール》 chimney《チムニィ》
高《たか》いえんとつ

□ **roof** [ルーフ]

名 (建物《たてもの》の)屋根《やね》

scene 209 → 312 ★ クイズでチェック！　その1

ここまでは理解《りかい》できたかな？　おさらいクイズで確認《かくにん》してみよう！

高校《こうこう》野球《やきゅう》を観戦中《かんせんちゅう》！

勝敗《しょうはい》のゆくえは!?

まんがを読《よ》んで、
右《みぎ》ページのクイズに
ちょう戦《せん》しよう。

〈答《こた》えは344ページに〉

勝利《しょうり》の凱歌《がいか》をあげるのは、去年《きょねん》の覇者《はしゃ》港南高校《こうなんこうこう》か!?
はたまた、春夏連覇《はるなつれんぱ》を狙《ねら》う大金高校《おおがねこうこう》か!?
A
ピッチャー、大《おお》きく振《ふ》りかぶって第一球《だいいっきゅう》…
投《な》げたァ!!
ゴク

Q 1

A の選手《せんしゅ》が左手《ひだりて》に持《も》っているものは次《つぎ》のうちのどれ？

❶ bat《バット》　❷ ball《ボール》　❸ bag《バッグ》

球《たま》を打《う》つ
ための道具《どうぐ》
だよ。

Q 2

今《いま》、行《おこな》われているスポーツは何《なに》？

❶ volleyball《ヴァリィボール》　❷ baseball《ベイスボール》

❸ basketball《バスキットゥボール》

Q 3

選手《せんしゅ》たちはユニフォームを着《き》ているね。
「ユニフォーム」を英語《えいご》で書《か》くとき、
□に入《はい》るアルファベットは何《なに》？

uni□orm

❶ f　❷ q　❸ z

Q 4

ピッチャーの背中《せなか》に付《つ》いているものを
number《ナンバァ》というよ。この意味《いみ》は何《なに》？

❶ 番号《ばんごう》　❷ 名前《なまえ》　❸ 仕事《しごと》

平次《へいじ》と勘助《かんすけ》が、悪《わる》だくみをする一味《いちみ》と戦《たたか》う!

A

やっちまいな!!
ちょ…
お、おのれ…
これでも食《く》ら…
え!?

まんがを読《よ》んで、右《みぎ》ページのクイズにちょう戦《せん》しよう。

〈答《こた》えは344ページに〉

Q 1

男《おとこ》の人《ひと》たちは棒《ぼう》を持《も》っているね。
棒《ぼう》の先《さき》で赤《あか》く燃《も》えているものを、英語《えいご》で何《なん》という？

❶ water《ウォータァ》 ❷ fire《ファイア》 ❸ fish《フィッシュ》

Q 2

A で勘助《かんすけ》が男《おとこ》の人《ひと》たちに向《む》かってかぶとを投《な》げているよ。「投《な》げる」を英語《えいご》で書《か》くとき、□に入《はい》るアルファベットは何《なに》？

「スロゥ」と
発音《はつおん》するよ。

th□ow

❶ i ❷ e ❸ r

Q 3

平次《へいじ》と勘助《かんすけ》は男《おとこ》の人《ひと》たちと戦《たたか》っているね。
「戦《たたか》う」は次《つぎ》のうちのどれ？

❶ fight《ファイト》 ❷ light《ライト》 ❸ night《ナイト》

Q 4

女性《じょせい》がleader《リーダァ》で、男《おとこ》の人《ひと》たちを統率《とうそつ》しているんだ。
leader《リーダァ》を日本語《にほんご》でいうと何《なに》？

❶ 指導者《しどうしゃ》 ❷ 警官《けいかん》 ❸ 教師《きょうし》

阿笠博士《あがさはかせ》が買《か》ったじゅうたんをめぐって事件《じけん》が起《お》こったが…?

まんがを読《よ》んで、右《みぎ》ページのクイズにちょう戦《せん》しよう。

〈答《こた》えは344ページに〉

A

その絨毯《じゅうたん》を見《み》つけたきっかけは…
奥《おく》さんの方《ほう》が「ツボ猫動画《ねこどうが》」にハマってたから…
博士《はかせ》の眼鏡《めがね》に写《うつ》った女《おんな》の子《こ》や、博士《はかせ》の動画《どうが》の1つ上《うえ》にあった英理《えり》さんの動画《どうが》の猫《ねこ》を利用《りよう》して…
何《なん》とか絨毯《じゅうたん》を手《て》に入《い》れようと今回《こんかい》の犯行《はんこう》を思《おも》いついたとの事《こと》…
ちなみに博士《はかせ》は、あれがペルシャ絨毯《じゅうたん》だと知《し》り大喜《おおよろこ》びしていたが…
事件《じけん》の証拠品《しょうこひん》なので警察《けいさつ》から戻《もど》って来《く》るのは捜査《そうさ》や裁判《さいばん》が終《お》わる数《すう》か月後《げつご》と聞《き》きガックリ…
ビートルを新車《しんしゃ》に買《か》い替《か》える博士《はかせ》の夢《ゆめ》も…
当分《とうぶん》先《さき》になりそうだ…
でも大丈夫《だいじょうぶ》かしら?
ん?
何《なに》が?
博士《はかせ》の眼鏡《めがね》に写《うつ》ってた私《わたし》の画像《がぞう》…全世界《ぜんせかい》に配信《はいしん》されたんでしょ?
平気《へいき》だよ!あの動画《どうが》はもう削除《さくじょ》したし…
あの誘拐犯《ゆうかいはん》も絨毯《じゅうたん》の柄《がら》を見《み》たくてアップにしたら、偶然《ぐうぜん》灰原《はいばら》が見《み》えたって言《い》ってたらしいし…
ん?
まてよ…

Q 1

A のようにインターネットで物《もの》を調《しら》べることを、英語《えいご》で何《なん》という？

❶ talk《トーク》 ❷ search《サーチ》 ❸ clean《クリーン》

Q 2

A の画面《がめん》にはウェブサイトが表示《ひょうじ》されているね。「ウェブサイト」を英語《えいご》で書《か》くとき、□に入《はい》るアルファベットは何《なに》？

webs□te

❶ o ❷ a ❸ i

Q 3

阿笠博士《あがさはかせ》の車《くるま》から、白《しろ》いけむりが出《で》ているね。では「けむり」のことを、英語《えいご》で何《なん》という？

❶ flower《フラウァ》 ❷ water《ウォータァ》 ❸ smoke《スモウク》

Q 4

コナンが着《き》ている服《ふく》にはstripe《ストゥライプ》があるね。stripe《ストゥライプ》を日本語《にほんご》でいうと何《なに》？

定番《ていばん》のがらのひとつだね。

❶ 水玉《みずたま》 ❷ しま ❸ そで

scene 209 → 312 ★ クイズでチェック！　その4

女性《じょせい》からのメールをよそに、なぜか2つ目《め》のけい帯《たい》を!?

まんがを読《よ》んで、
右《みぎ》ページのクイズに
ちょう戦《せん》しよう。

〈答《こた》えは344 ページに〉

電話《でんわ》に出《で》ないから写《しゃ》メでお披露目《ひろめ》…
電話に出ないから写メで
お披露目♡　30分後に
生でご覧あれ♪
30分《ぶん》後《ご》に生《なま》でご覧《らん》あれ…
何《なに》よもう！ラブラブじゃない！
ま、まあな！
ごちそうさま♡
悪《わる》い…ちょっとトイレ…
行《い》ってらっしゃーい！
ん？
2つ目《め》の携帯《けいたい》…
怖《こわ》い顔《かお》で誰《だれ》かと話《はな》してる…
あれ？トイレに入《はい》る前《まえ》にすぐ切《き》っちまった…
―って事《こと》は…

A

B

Q 1

A の女性《じょせい》の手《て》の先《さき》には、
きれいな模様《もよう》がかかれているね。
この部分《ぶぶん》を英語《えいご》で何《なん》という？

❶ nail《ネイル》 ❷ face《フェイス》 ❸ foot《フット》

Q 2

A でけい帯電話《たいでんわ》に送《おく》られてきたものを
picture《ピクチャァ》というよ。日本語《にほんご》でいうと何《なに》？

❶ 写真《しゃしん》 ❷ 手紙《てがみ》 ❸ ゲーム

Q 3

B で蘭《らん》の後《うし》ろの男性《だんせい》は何《なに》かを開《あ》けているね。
何《なに》を開《あ》けている？

❶ roof《ルーフ》 ❷ floor《フロァ》
❸ door《ドァ》

日本語《にほんご》で
いうと「戸《と》」
だね。

Q 4

B で蘭《らん》は、飲《の》み物《もの》を飲《の》んでいるね。
「飲《の》む」を英語《えいご》で書《か》くとき、
□に入《はい》るアルファベットは何《なに》？

dr □ nk

❶ e ❷ i ❸ o

怪盗《かいとう》キッドが次《つぎ》にねらうお宝《たから》は!?

まんがを読《よ》んで、
下《した》のクイズに
ちょう戦《せん》しよう。

〈 答《こた》えはこのページに 〉

この亀《かめ》が背《せ》に纏《まと》っておるレッド・ダイヤモンド…
赤面の人魚《ブラッシュマーメイド》じゃよ!!

Q 1

かめが水《すい》そうの中《なか》を泳《およ》いでいるよ。
「泳《およ》ぐ」は次《つぎ》のうちのどれ?

❶ study《スタディ》　❷ help《ヘルプ》　❸ swim《スウィム》

Q 2

おじさんの eyebrow《アイブラウ》
はりっぱだね。eyebrow《アイブラウ》は
日本語《にほんご》でいうと何《なに》?

ふさふさしている
ところだよ。

❶ 耳《みみ》　❷ 口《くち》ひげ　❸ まゆ毛《げ》

scene 209 → 312 ★ クイズでチェック!の答《こた》え

その 1	Q1 ❶	Q2 ❷	Q3 ❶	Q4 ❶
その 2	Q1 ❷	Q2 ❸	Q3 ❶	Q4 ❶
その 3	Q1 ❷	Q2 ❸	Q3 ❸	Q4 ❷
その 4	Q1 ❶	Q2 ❶	Q3 ❸	Q4 ❷
その 5	Q1 ❸	Q2 ❸		

もっと 英《えい》単《たん》語《ご》を覚《おぼ》えよう

食《た》べ物《もの》、スポーツ、こよみ、色《いろ》などの、ジャンル別《べつ》に分《わ》けてしょうかいするよ！

食《た》べ物《もの》 foods《フーヅ》

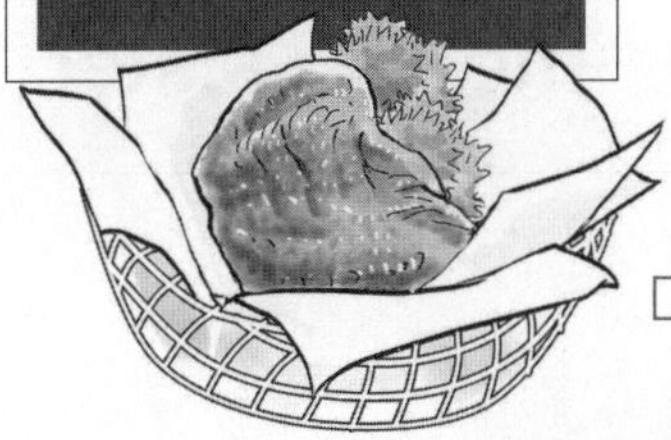

□ pizza《ピーツァ》
ピザ

□ donut《ドウナット》
ドーナツ

□ yogurt《ヨウガァト》
ヨーグルト

□ fried《フライド》 chicken《チキン》
フライドチキン

□ steak《ステイク》
ステーキ

飲《の》み物《もの》 drinks《ドゥリンクス》

□ coffee《コーフィ》
コーヒー

□ green《グリーン》 tea《ティー》
緑茶《りょくちゃ》

ポイント
ginger《ヂンヂャア》とは、植物《しょくぶつ》の「しょうが」のこと。ジンジャーエールは、しょうがエキスで味付《あじつ》けしてある飲《の》み物《もの》なんだ。

□ ginger《ヂンヂャア》 ale《エイル》
ジンジャーエール

＊「もっと英単語を覚えよう」で示す英単語について：小学校の教科書や、英検®5～3級、外国語能力の到達度指標の日本版であるCEFR-J A1（小学校から中学1年レベル）の英単語を中心に選びました。

家族《かぞく》

family《ファマリィ》

□ grandfather《グランドファーザァ》
祖父《そふ》、おじいさん

□ grandmother《グランドマザァ》
祖母《そぼ》、おばあさん

□ uncle《アンクル》
おじ

□ aunt《アント》
おば

□ father《ファーザァ》
父親《ちちおや》

□ mother《マザァ》
母親《ははおや》

□ brother《ブラザァ》
兄《あに》、弟《おとうと》

□ me《ミー》
私《わたし》、ぼく

□ sister《スィスタァ》
姉《あね》、妹《いもうと》

ポイント

「両親《りょうしん》」と言《い》う場合《ばあい》は、最後《さいご》に s《エス》 をつけて parents《ペ(ァ)ランツ》とするよ。

□ parent《ペ(ァ)ラント》
親《おや》

□ grandparent《グランドペ(ァ)ラント》
祖父《そふ》、祖母《そぼ》

あいさつ

greeting《グリーティング》

□ hello《ヘロウ》
こんにちは

□ hi《ハイ》
やあ、こんにちは

□ bye《バイ》
さよなら

顔《かお》 face《フェイス》 ・ 体《からだ》 body《バディ》

□ head《ヘッド》
頭《あたま》

□ face《フェイス》
顔《かお》

□ eye《アイ》
目《め》

□ ear《イア》
耳《みみ》

□ nose《ノウズ》
鼻《はな》

□ hand《ハンド》
手《て》

□ mouth《マウス》
口《くち》

□ teeth《ティース》
tooth《トゥース》（歯《は》）の複数形《ふくすうけい》

□ arm《アーム》
うで

□ leg《レッグ》
あし

ポイント

「2本《ほん》の足《あし》」はtwo《トゥー》 feet《フィート》。foot《フット》の複数形《ふくすうけい》はfeet《フィート》だよ。footsとしないようにね。

□ foot《フット》
足《あし》

□ toe《トウ》
足《あし》の指《ゆび》、つま先《さき》

教科《きょうか》
subjects《サブヂクツ》

Japanese《ヂャパニーズ》は「日本語《にほんご》」という意味《いみ》。だから日本人《にほんじん》にとっては「国語《こくご》」になるんだ。

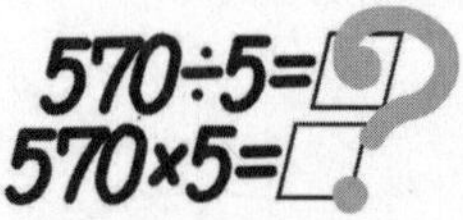

□ math《マス》

数学《すうがく》、算数《さんすう》

□ Japanese《ヂャパニーズ》

国語《こくご》

□ science《サイアンス》

理科《りか》

□ English《イングリッシュ》

英語《えいご》

□ social《ソウシャル》 studies《スタディズ》

社会科《しゃかいか》

□ music《ミューズィック》

音楽《おんがく》

□ P《ピー》.E.《イー》

体育《たいいく》

□ arts《アーツ》 and《アンド》 crafts《クラフツ》

図工《ずこう》

□ moral《モーラル》 education《エヂュケイション》

道徳《どうとく》

スポーツ

sports《スポーツ》

□ **badminton**《バドゥミントゥン》
バドミントン

□ **rugby**《ラグビィ》
ラグビー

□ **marathon**《マラサン》
マラソン

□ **swimming**《スウィミング》
水泳《すいえい》

ポイント

球技《きゅうぎ》などのスポーツをするときにはplay《プレィ》を使《つか》って、play《プレィ》 soccer《サッカァ》（サッカーをする）のようにいうよ。

□ **tennis**《テニス》
テニス

□ **soccer**《サッカァ》
サッカー

□ **baseball**《ベイスボール》
野球《やきゅう》

□ **track**《トゥラック》 **and**《アンド》 **field**《フィールド》
陸上競技《りくじょうきょうぎ》

学《がっ》校《こう》
school《スクール》

□ high《ハイ》 school《スクール》
高校《こうこう》

□ elementary《エラメンタリィ》 school《スクール》
小学校《しょうがっこう》

□ junior《ヂューニア》 high《ハイ》 school《スクール》
中学校《ちゅうがっこう》

□ music《ミューズィック》 room《ルーム》
音楽室《おんがくしつ》

□ classroom《クラスルーム》
教室《きょうしつ》

□ cooking《クッキング》 room《ルーム》
調《ちょう》理《り》室《しつ》

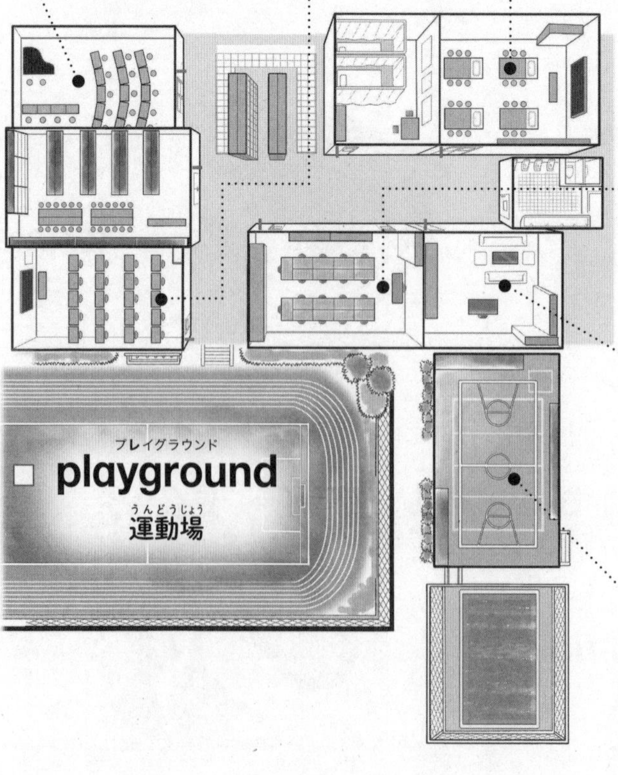

□ playground《プレイグラウンド》
運動場《うんどうじょう》

□ teachers'《ティーチャァズ》 room《ルーム》
職員室《しょくいんしつ》

□ school《スクール》 principal's《プリンスィパルズ》 office《オーフィス》
校長室《こうちょうしつ》

□ gym《ヂム》
体育館《たいいくかん》

□ classroom《クラスルーム》
教室《きょうしつ》

□ blackboard《ブラックボード》
黒板《こくばん》

□ chalk《チョーク》
チョーク

□ map《マップ》
地図《ちず》

□ textbook《テクストブック》
教科書《きょうかしょ》

□ chair《チェア》
いす

□ desk《デスク》
机《つくえ》

□ student《ストゥードゥント》
学生《がくせい》、生徒《せいと》

実《じつ》はアメリカやイギリスの学校《がっこう》では、日本《にっぽん》のような入学式《にゅうがくしき》はないんだ。

ポイント

□ graduation《グラヂュエイション》 ceremony《セラモウニィ》
卒業式《そつぎょうしき》

□ entrance《エントゥランス》 ceremony《セラモウニィ》
入学式《にゅうがくしき》

□ school《スクール》 festival《フェスタヴァル》
学園祭《がくえんさい》

こよみ

キャランダァ

calendar《キャランダァ》

✦月《つき》 months《マンスス》

□ January《ヂャヌエリィ》
1月《がつ》

□ February《フェビュエリィ》
2月《がつ》

□ March《マーチ》
3月《がつ》

□ April《エイプラル》
4月《がつ》

□ May《メィ》
5月《がつ》

□ June《ヂューン》
6月《がつ》

□ July《ヂュライ》
7月《がつ》

□ August《オーガスト》
8月《がつ》

□ September《セプテンバァ》
9月《がつ》

□ October《アクトウバァ》
10月《がつ》

□ November《ノウヴェンバァ》
11月《がつ》

□ December《ディセンバァ》
12月《がつ》

✦ 日付《ひづけ》 dates《デイツ》

☐ today《トゥデイ》 今日《きょう》 ☐ tomorrow《トゥマーロゥ》 明日《あした》

☐ yesterday《イェスタァデイ》 昨日《きのう》（は）

1日《ついたち》	2《ふつ》日《か》	3《みっ》日《か》	4《よっ》日《か》	5《いつ》日《か》	6《むい》日《か》	7《なの》日《か》
1st《ファースト》	2nd《セカンド》	3rd《サード》	4th《フォース》	5th《フィフス》	6th《スィックスス》	7th《セヴンス》
8《よう》日《か》	9日《ここのか》	10《とお》日《か》	11日《にち》	12日《にち》	13日《にち》	14日《か》
8th《エイトゥス》	9th《ナインス》	10th《テンス》	11th《イレヴァンス》	12th《トゥウェルフス》	13th《サーティーンス》	14th《フォーティーンス》
15日《にち》	16日《にち》	17日《にち》	18日《にち》	19日《にち》	20《はつ》日《か》	21日《にち》
15th《フィフティーンス》	16th《スィックスティーンス》	17th《セヴンティーンス》	18th《エイティーンス》	19th《ナインティーンス》	20th《トゥウェンティアス》	21st《トゥウェンティ ファースト》
22日《にち》	23日《にち》	24日《か》	25日《にち》	26日《にち》	27日《にち》	28日《にち》
22nd《トゥウェンティ セカンド》	23rd《トゥウェンティ サード》	24th《トゥウェンティ フォース》	25th《トゥウェンティ フィフス》	26th《トゥウェンティ スィックスス》	27th《トゥウェンティ セヴンス》	28th《トゥウェンティ エイトゥス》
29日《にち》	30日《にち》	31日《にち》				
29th《トゥウェンティ ナインス》	30th《サーティアス》	31st《サーティ ファースト》				

✦ 曜日《ようび》 week《ウィーク》

☐ Sunday《サンデイ》 日曜日《にちようび》

☐ Monday《マンデイ》 月曜日《げつようび》

☐ Tuesday《トゥーズデイ》 火曜日《かようび》

☐ Saturday《サタァデイ》 土曜日《どようび》

☐ Wednesday《ウェンズデイ》 水曜日《すいようび》

☐ Friday《フライデイ》 金曜日《きんようび》

☐ Thursday《サーズデイ》 木曜日《もくようび》

☐ day《デイ》 日《ひ》 ☐ birthday《バースデイ》 誕生日《たんじょうび》 ☐ season《スィーズン》 季節《きせつ》

時《じ》間《かん》
time《タイム》

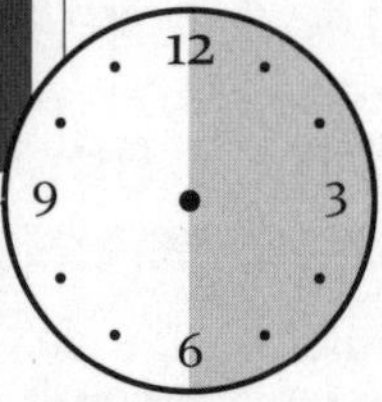

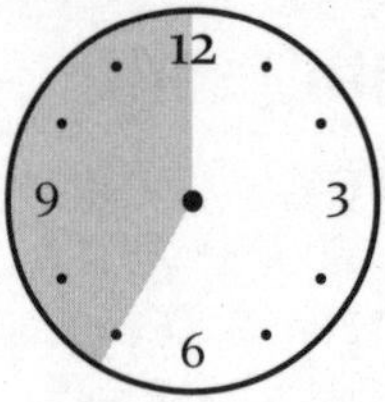

□ afternoon《アフタァヌーン》
午《ご》後《ご》

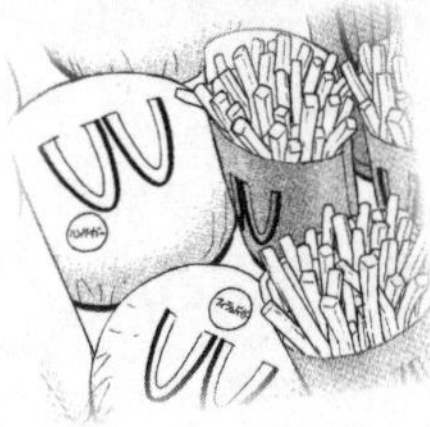

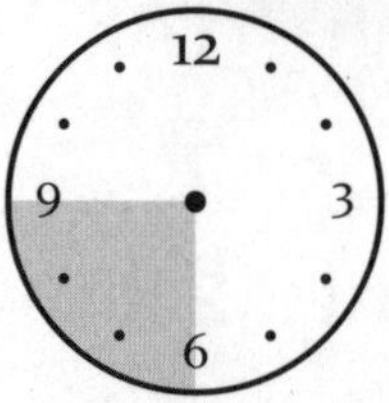

□ morning《モーニング》
朝《あさ》、午《ご》前《ぜん》

□ night《ナイト》
夜《よる》、晩《ばん》

□ evening《イーヴニング》
夕方《ゆうがた》

□ a.m.《エイエム》
午《ご》前《ぜん》

□ p.m.《ピーエム》
午《ご》後《ご》

□ noon《ヌーン》
正午《しょうご》

□ o'clock《アクラック》
～時《じ》

□ tonight《トゥナイト》
今夜《こんや》、今晩《こんばん》

□ always《オールウェイズ》
いつも

□ often《オーフン》
よく、しばしば

□ never《ネヴァ》
けっして～ない

□ usually《ユージュアリィ》
たいてい

□ sometimes《サムタイムズ》
時々《ときどき》

□ now《ナゥ》 今《いま》（は）

□ already《オールレディ》 すでに　□ moment《モウマント》 しゅん間《かん》　□ soon《スーン》 まもなく

□ before《ビフォア》 （時間《じかん》・順序《じゅんじょ》が）（～の）前《まえ》に　□ after《アフタァ》 （時間《じかん》・順序《じゅんじょ》が）（～の）後《あと》に［で、の］

□ early《アーリィ》 （時間《じかん》・時期《じき》が）早《はや》く　□ late《レイト》 （時間《じかん》・時期《じき》が）おそく

□ once《ワンス》 一度《いちど》　□ ago《アゴゥ》 （今《いま》から）～前《まえ》に　□ again《アゲン》 また、再《ふたた》び

数字《すうじ》 numbers《ナンバァズ》

13	thirteen《サーティーン》	40	forty《フォーティ》
14	fourteen《フォーティーン》	50	fifty《フィフティ》
15	fifteen《フィフティーン》	60	sixty《スィックスティ》

1	one《ワン》	7	seven《セヴン》	16	sixteen《スィックスティーン》	70	seventy《セヴンティ》
2	two《トゥー》	8	eight《エイト》	17	seventeen《セヴンティーン》	80	eighty《エイティ》
3	three《スリー》	9	nine《ナイン》	18	eighteen《エイティーン》	90	ninety《ナインティ》
4	four《フォー》	10	ten《テン》	19	nineteen《ナインティーン》	100	one《ワン》 hundred《ハンドゥラッド》
5	five《ファイヴ》	11	eleven《イレヴァン》	20	twenty《トゥウェンティ》	1000	one《ワン》 thousand《サウザンド》
6	six《スィックス》	12	twelve《トゥウェルヴ》	30	thirty《サーティ》	0	zero《ズィ（ァ）ロゥ》

野菜《やさい》 vegetables《ヴェヂタブルズ》 ｜ 果物《くだもの》 fruits《フルーツ》

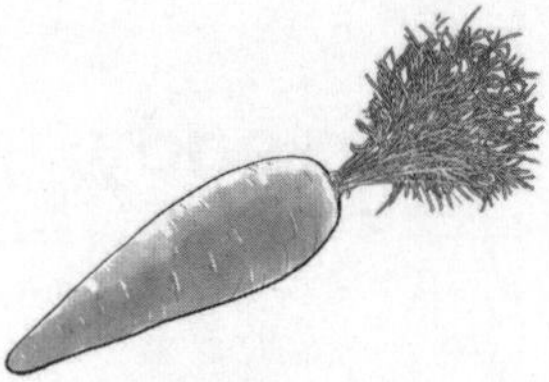

□ carrot《キャラット》
にんじん

□ lettuce《レティス》
レタス

□ tomato《タメイトウ》
トマト

□ potato《パテイトウ》
じゃがいも

□ eggplant《エッグプラント》
なす

□ onion《アニャン》
玉《たま》ねぎ

□ cabbage《キャビッヂ》
キャベツ

□ cucumber《キューカンバァ》
きゅうり

ポイント
いくつもの
つぶがあるのが grapes《グレイプス》。
「ひとつぶのぶどう」なら、
grape《グレイプ》とするよ。

□ apple《アプル》
りんご

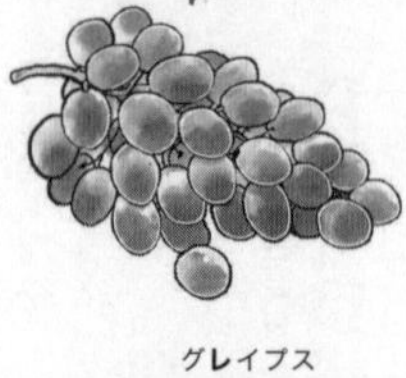

□ banana《バナナ》
バナナ

□ strawberry《ストゥローベリィ》
いちご

□ grapes《グレイプス》
ぶどう

□ **pineapple**《パイナプル》
パイナップル

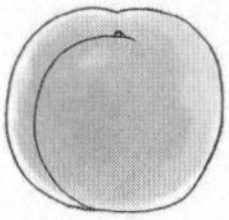

□ **peach**《ピーチ》
もも

□ **orange**《オーリンヂ》
オレンジ

□ **watermelon**《ウォータアメラン》
すいか

色《いろ》
colors《カラァズ》

ポイント
「青信号《あおしんごう》」のことを、英語《えいご》では green《グリーン》 light《ライト》というんだ。

□ **red**《レッド》
赤《あか》

□ **green**《グリーン》
緑《みどり》

□ **blue**《ブルー》
青《あお》

□ **yellow**《イエロゥ》
黄《き》

ダッ
新一《しんいち》!!
ちょっと信号《しんごう》赤《あか》よ!!

□ **pink**《ピンク》
ピンク

□ **purple**《パープル》
むらさき

□ **brown**《ブラウン》
茶《ちゃ》

□ **black**《ブラック》
黒《くろ》

□ **gray**《グレィ》
灰色《はいいろ》

□ **white**《(ホ)ワイト》
白《しろ》

生《い》き物《もの》
animals《アニマルズ》

□ **cat**《キャット》
ねこ

□ **rabbit**《ラビット》
うさぎ

□ **dog**《ドーグ》
犬《いぬ》

□ **monkey**《マンキィ》
さる

□ **tiger**《タイガァ》
とら

□ **snake**《スネイク》
へび

□ **panda**《パンダ》
パンダ

□ **horse**《ホース》
馬《うま》

□ **elephant**《エラファント》
象《ぞう》

□ **bear**《ベァ》
熊《くま》

□ **fox**《ファックス》

きつね

□ **bird**《バード》

鳥《とり》

□ **lion**《ライアン》

（おすの）ライオン

□ **frog**《フラッグ》

かえる

□ **gorilla**《ガリラ》

ゴリラ

□ **octopus**《アクタパス》

たこ

□ **squid**《スクウィッド》

いか

植《しょく》物《ぶつ》 plants《プランツ》

□ **rose**《ロウズ》

ばら

□ **sunflower**《サンフラウァ》

ひまわり

□ **lily**《リリィ》

ゆり

□ **bamboo**《バンブー》

竹《たけ》

□ **cactus**《キャクタス》

サボテン

国《くに》

countries《カントゥリィズ》

□ world《ワールド》
世《せ》界《かい》

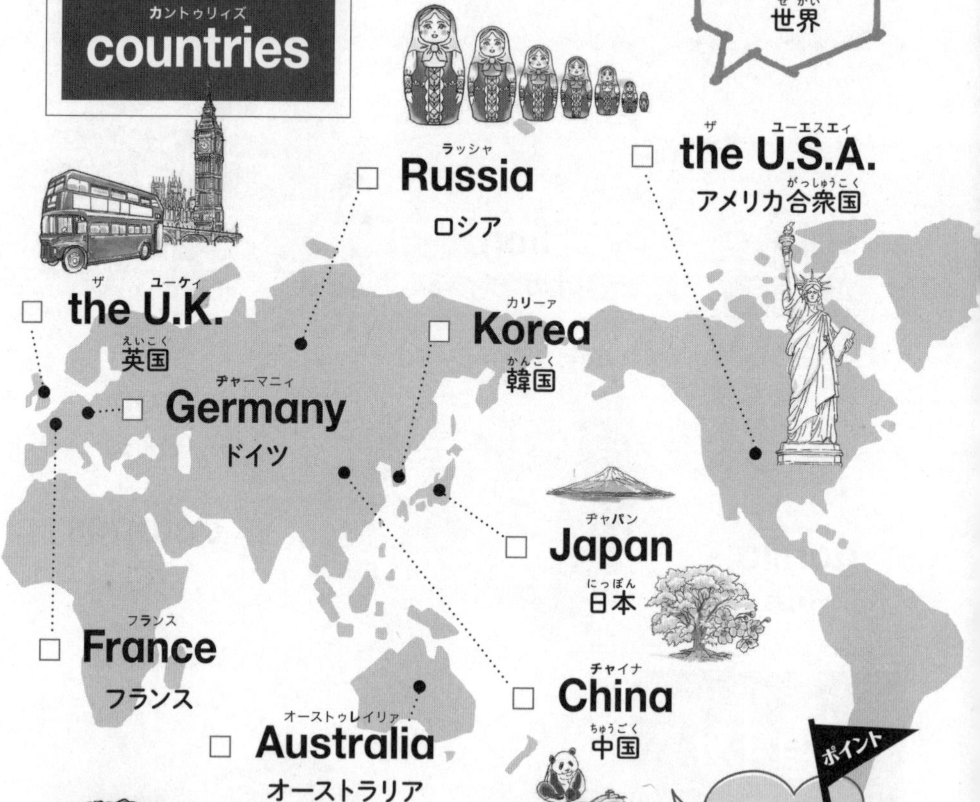

□ Russia《ラッシャ》
ロシア

□ the《ザ》 U.S.A.《ユーエスエィ》
アメリカ合衆国《がっしゅうこく》

□ the《ザ》 U.K.《ユーケィ》
英国《えいこく》

□ Korea《カリーァ》
韓国《かんこく》

□ Germany《ヂャーマニィ》
ドイツ

□ Japan《ヂャパン》
日本《にっぽん》

□ France《フランス》
フランス

□ China《チャイナ》
中国《ちゅうごく》

□ Australia《オーストゥレイリア》
オーストラリア

ポイント

国《くに》の名前《なまえ》は大《おお》文《も》字《じ》で始《はじ》めることを覚《おぼ》えておこう。

□ Asia《エイジャ》
アジア

□ Europe《ユ（ア）ラップ》
ヨーロッパ

□ Africa《アフリカ》
アフリカ

□ language《ラングウィッヂ》
言《こと》葉《ば》

職《しょく》業《ぎょう》
jobs《ヂャブズ》

□ flight《フライト》 attendant《アテンダント》
（旅客《りょかく》機《き》の）客室《きゃくしつ》乗《じょう》務《む》員《いん》

□ job《ヂャブ》
仕事《しごと》、職《しょく》

□ pilot《パイラット》
（飛行機《ひこうき》の）パイロット

□ nurse《ナース》
看護師《かんごし》

□ astronaut《アストゥラノート》
宇宙飛行士《うちゅうひこうし》

□ doctor《ダクタァ》
医者《いしゃ》

□ dentist《デンティスト》
歯科医《しかい》

cook《クック》には「料理《りょうり》する」という動作《どうさ》を表《あらわ》す意味《いみ》もあるよ。
ポイント

□ comedian《カミーディアン》
コメディアン

□ vet《ヴェット》
じゅう医《い》

□ cook《クック》
コック

□ teacher《ティーチャァ》
先生《せんせい》

□ florist《フローリスト》
花屋《はなや》

町《まち》 town《タウン》

□ town《タウン》

町《まち》

□ station《ステイション》

(鉄道《てつどう》の) 駅《えき》

ポイント

station《ステイション》がつくし設《せつ》はほかにもあるよ。fire《ファイア》 station《ステイション》(消防署《しょうぼうしょ》) や gas《ギャス》 station《ステイション》 (ガソリンスタンド) などだよ。

□ police《パリース》 station《ステイション》

警察署《けいさつしょ》

□ amusement《アミューズマント》 park《パーク》

遊園地《ゆうえんち》

□ movie《ムーヴィ》 theater《スィーアタァ》

映画館《えいがかん》

□ post《ポウスト》 office《オーフィス》

郵便局《ゆうびんきょく》

□ hospital《ハスピトゥル》

病院《びょういん》

□ street《ストゥリート》

通《とお》り

□ bridge《ブリッヂ》

橋《はし》

□ park《パーク》

公園《こうえん》

□ train《トゥレイン》

列車《れっしゃ》

□ car《カー》

自動車《じどうしゃ》

楽器《がっき》
musical《ミューズィカル》 instruments《インストゥラマンツ》

□ **piano**《ピアノゥ》
ピアノ

□ **violin**《ヴァイアリン》
バイオリン

□ **castanet**《キャスタネット》
カスタネット

□ **trumpet**《トゥランピット》
トランペット

□ **guitar**《ギター》
ギター

□ **harmonica**《ハーマニカ》
ハーモニカ

□ **recorder**《リコーダァ》
リコーダー

位《い》置《ち》 positions《パズィションズ》 ： 方《ほう》向《こう》 directions《ディレクションズ》

□ up《アップ》
上《うえ》へ［に］

□ straight《ストゥレイト》
まっすぐな

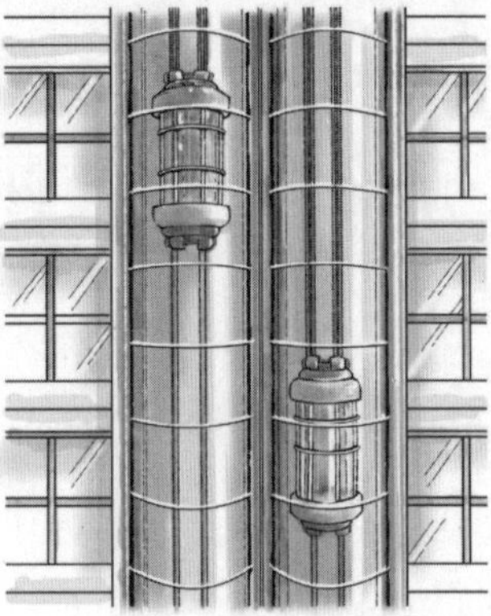

□ down《ダウン》
下《した》へ［に］

□ near《ニア》
（空間的《くうかんてき》・時間的《じかんてき》に）近《ちか》い

□ away《アウェイ》
はなれたところへ

家《いえ》 house《ハウス》

□ home《ホウム》
家庭《かてい》、（家族《かぞく》の住《す》む）家《いえ》

□ house《ハウス》
家《いえ》、住宅《じゅうたく》

□ housework《ハウスワーク》
家事《かじ》

□ neighbor《ネイバァ》
近所《きんじょ》の人《ひと》

□ garden《ガードゥン》
庭《にわ》

□ around《アラウンド》
(～の) 周《まわ》りに [を]

□ between《ビトゥウィーン》
(2つ・2人《ふたり》の) 間《あいだ》に [で、の]

□ by《バイ》
(～の) (すぐ) そばに [の]

□ behind《ビハインド》
(～の) 後《うし》ろに [の]

□ on《アン》
(～の) 上《うえ》に [で]

□ under《アンダァ》
(～の) 下《した》に [へ、の]

□ in《イン》
(～の) 中《なか》に [で、の]

ポイント

telephone《テリフォウン》 を短《みじか》くした phone《フォウン》 も「電話《でんわ》」という意味《いみ》なんだ。

□ garbage《ガービッヂ》
(台所《だいどころ》の) 生《なま》ごみ

□ telephone《テリフォウン》
電話《でんわ》

□ sofa《ソウファ》
ソファー

□ cushion《クション》
クッション

楽《たの》しみ
fun《ファン》

□ holiday《ハラデイ》

休日《きゅうじつ》

□ activity《アクティヴィティ》

（学校《がっこう》や社会《しゃかい》での）

活動《かつどう》

□ favorite《フェイヴ（ァ）リット》

お気《き》に入《い》り

□ video《ヴィディオウ》 game《ゲイム》

テレビゲーム

□ movie《ムーヴィ》

（1 本《ぼん》の）映画《えいが》

□ hobby《ハビィ》

しゅみ

□ comic《カミック》 book《ブック》

まんが本《ぼん》

□ magazine《マガズィーン》

雑誌《ざっし》

□ reading《リーディング》

読書《どくしょ》

□ drama《ドゥラーマ》

ドラマ、劇《げき》

□ camping《キャンピング》

キャンプ

□ hiking《ハイキング》

ハイキング

□ fishing《フィッシング》

魚《さかな》つり

Shop
「買《か》い物《もの》に行《い》く」
は go《ゴウ》 shopping《シャッピング》
というよ。

□ shopping《シャッピング》

買《か》い物《もの》

□ picnic《ピクニック》

ピクニック

□ travel《トゥラヴ（ァ）ル》

旅行《りょこう》

自然《しぜん》
nature《ネイチャア》

ポイント

ふつう the《ザ》 sun《サン》と
いうように the《ザ》 を
つけるよ。

□ sun《サン》
太陽《たいよう》

□ cloud《クラウド》
雲《くも》

□ sky《スカィ》
空《そら》

□ mountain《マウンテン》
山《やま》

□ lake《レイク》
湖《みずうみ》

□ river《リヴァ》
川《かわ》

□ tree《トゥリー》
木《き》

□ pond《パンド》
池《いけ》

□ flower《フラウァ》
花《はな》

□ field《フィールド》
野原《のはら》

□ forest《フォーリスト》
森林《しんりん》

□ sea《スィー》

海《うみ》

□ beach《ビーチ》

浜《はま》

□ island《アイランド》

島《しま》

ポイント

ふつう the《ザ》 moon《ムーン》 というように the《ザ》 をつけるよ。

□ moon《ムーン》

（天体《てんたい》の）月《つき》

□ rainbow《レインボウ》

にじ

□ star《スター》

星《ほし》

□ desert《デザァト》

砂《さ》ばく

人《ひと》の様《よう》子《す》を表《あらわ》す言葉《ことば》

□ **active**《アクティヴ》

活動的《かつどうてき》な

□ **clever**《クレヴァ》

利口《りこう》な

ポイント

人《ひと》について fine《ファイン》という と「元気《げんき》な」の意味《いみ》になるけど、天気《てんき》についていうと「晴《は》れている」になるんだ。

□ **fine**《ファイン》

元気《げんき》な

□ **tall**《トール》

背《せ》が高《たか》い

↕

□ **short**《ショート》

背《せ》が低《ひく》い

□ **glad**《グラッド》

うれしい

□ **shy**《シャイ》

はずかしがる

□ **gentle**《ヂェントゥル》

(人《ひと》が) 優《やさ》しい

□ **kind**《カインド》

親切《しんせつ》な

ものの様子《ようす》を表《あらわ》す言葉《ことば》

□ nice《ナイス》
すてきな

□ big《ビッグ》 ↔ □ small《スモール》
大《おお》きい　小《ちい》さい

□ new《ヌー》
新《あたら》しい

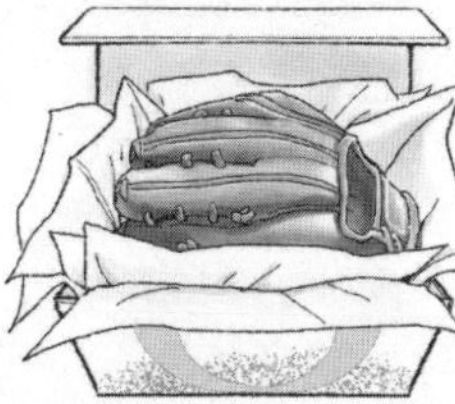

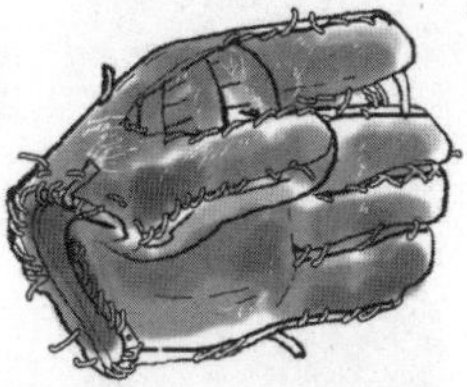

↔

□ old《オウルド》
古《ふる》い

□ interesting《インタラスティング》
おもしろい

□ long《ローング》 ↔ □ short《ショート》
長《なが》い　短《みじか》い

□ good《グッド》 ↔ □ bad《バッド》
よい　悪《わる》い

□ exciting《イクサイティング》
わくわくさせる

□ wonderful《ワンダァフル》
すばらしい

ポイント

このような言葉《ことば》は
どちらか１つをしっかり
覚《おぼ》えてから、その反対語《はんたいご》
も覚《おぼ》えよう。

□ hot《ハット》 ↔ □ cold《コウルド》
熱《あつ》い　冷《つめ》たい

動《どう》作《さ》を表《あらわ》す言《こと》葉《ば》

actions《アクションズ》

ポイント

run《ラン》は人《ひと》だけでなく、乗《の》り物《もの》が「走《はし》る」というときにも使《つか》うよ。

□ **do**《ドゥー》

(～を) する

□ **make**《メイク》

(～を) 作《つく》る

□ **like**《ライク》

(～が) 好《す》きである

□ **say**《セィ》

(～を) 言《い》う

□ **run**《ラン》

走《はし》る

□ **walk**《ウォーク》

歩《ある》く

□ **write**《ライト》

(文字《もじ》・文章《ぶんしょう》などを) 書《か》く

□ **jump**《ヂャンプ》

とぶ

□ **drink**《ドゥリンク》

(飲《の》み物《もの》を) 飲《の》む

□ **eat**《イート》

(～を) 食《た》べる

□ **believe**《ビリーヴ》
(物《もの》や事《こと》・人《ひと》・人《ひと》の言《い》うことを) 信《しん》じる

□ **practice**《プラクティス》
(～を) 練習《れんしゅう》する

「歌《うた》を歌《うた》う」は sing a song《スィンg ア ソーンg》 というよ。
ポイント

□ **feel**《フィール》
(～を) 感《かん》じる

□ **sing**《スィング》
歌《うた》う

□ **change**《チェインヂ》
(～を) 変《か》える

□ **know**《ノゥ》
(情報《じょうほう》・事実《じじつ》などを) 知《し》っている

□ **dance**《ダンス》
おどる

□ **use**《ユーズ》
(～を) 使《つか》う

□ **want**《ワント》
(～が) 欲《ほ》しい

□ **tell**《テル》
(～を) 話《はな》す

□ **see**《スィー》
(～が) 見《み》える

□ **try**《トゥライ》
(～しようと) 試《こころ》みる

□ **am**《アム》
(私《わたし》は) ～である

□ **are**《アー》
～である

□ **is**《イズ》
～である

ポイント
この3つはbe《ビィ》動詞《どうし》と呼《よ》ばれていて、主語《しゅご》によって使《つか》い分《わ》けるよ。主語《しゅご》がI《アィ》ならam《アム》、「私《わたし》たち」のように複数《ふくすう》ならare《アー》、それ以《い》外《がい》ならis《イズ》なんだ。

文《ぶん》ぼう具《ぐ》
stationery《ステイショネリィ》

□ pencil《ペンサル》 case《ケイス》
えん筆《ぴつ》入《い》れ

□ pen《ペン》
ペン

□ pencil《ペンサル》
えん筆《ぴつ》

□ notebook《ノウトブック》
ノート

□ eraser《イレイサァ》
消《け》しゴム

□ marker《マーカァ》
マーカー

□ ruler《ルーラァ》 定規《じょうぎ》

□ pencil《ペンサル》 sharpener《シャープナァ》
えん筆《ぴつ》けずり

□ crayon《クレイアン》
クレヨン

□ glue《グルー》 stick《スティック》
スティックのり

□ stapler《ステイプラァ》
ホチキス

□ scissors《スィザァズ》
はさみ

ポイント

英語《えいご》だと思《おも》って「ボールペン」といっても、アメリカ人《じん》やイギリス人《じん》には通《つう》じないんだ。

□ mechanical《ミキャニカル》 pencil《ペンサル》
シャープペンシル

□ ballpoint《ボールポイント》 pen《ペン》
ボールペン

□ calculator《キャルキュレイタァ》
電《でん》たく

冠詞《かんし》／代名詞《だいめいし》

ポイント

冠詞《かんし》は名詞《めいし》の前《まえ》につく言葉《ことば》だよ。「1つ」のものを指《さ》すときは a《ア》か an《アン》を、「特定《とくてい》」のものを指《さ》すときには the《ザ》をつけるんだ。

□ **a**《ア》 1つの、1人《ひとり》の	□ **an**《アン》 1つの、1人《ひとり》の	□ **the**《ザ》 その、あの

ポイント

代名詞《だいめいし》とは物《もの》や人《ひと》の名《な》前《まえ》の代《か》わりに使《つか》われる言葉《ことば》のこと。「これ」とか「かのじょ」とかいったりするよね。それが代《だい》名詞《めいし》なんだ。

□ **this**《ズィス》 これ	□ **these**《ズィーズ》 これら
□ **that**《ザット》 あれ	□ **those**《ゾウズ》 あれら
□ **it**《イット》 それは	□ **they**《ゼィ》 それらは

□ **I**《アイ》 私《わたし》は	□ **my**《マィ》 私《わたし》の	□ **me**《ミー》 私《わたし》を	□ **we**《ウィー》 私《わたし》たちは	□ **our**《アウァ》 私《わたし》たちの	□ **us**《アス》 私《わたし》たちを
□ **you**《ユー》 あなたは	□ **your**《ユァ》 あなたの	□ **you**《ユー》 あなたを	□ **you**《ユー》 あなたたちは	□ **your**《ユァ》 あなたたちの	□ **you**《ユー》 あなたたちを
□ **he**《ヒー》 かれは	□ **his**《ヒズ》 かれの	□ **him**《ヒム》 かれを			
□ **she**《シー》 かのじょは	□ **her**《ハー》 かのじょの	□ **her**《ハー》 かのじょを	□ **they**《ゼィ》 かれらは	□ **their**《ゼァ》 かれらの	□ **them**《ゼム》 かれらを
□ **it**《イット》 それは	□ **its**《イッツ》 それの	□ **it**《イット》 それを			

その他《た》の言葉《ことば》
other《アザァ》 words《ワーヅ》

ほかにもぜひ覚《おぼ》えて
おきたい言葉《ことば》を集《あつ》めてみた
よ。会話《かいわ》の中《なか》でもよく使《つか》う
言葉《ことば》ばかりなんだ。

□ **idea《アイディーア》**
考《かんが》え

□ **information《インファメイション》**
情報《じょうほう》

□ **problem《プラブラム》**
問題《もんだい》

□ **reason《リーズン》**
理由《りゆう》

□ **thing《スィング》**
物《もの》、事《こと》

□ **luck《ラック》**
運《うん》、幸運《こううん》

□ **question《クウェスチョン》**
質問《しつもん》

□ **secret《スィークリット》**
秘密《ひみつ》

□ **peace《ピース》**
平和《へいわ》

□ **story《ストーリィ》**
物語《ものがたり》

□ **future《フューチャア》**
未来《みらい》

程度《ていど》を表《あらわ》すときに
使《つか》う言葉《ことば》を
集《あつ》めてみたよ。

□ **yes**《イエス》
はい

□ **no**《ノゥ》
いいえ

□ **so**《ソゥ》
それほど、そんなに

□ **too**《トゥー》
あまりに〜すぎる

□ **very**《ヴェリィ》
非常《ひじょう》に、とても

□ **only**《オウンリィ》
ただ〜だけの

□ **just**《ヂャスト》
ちょうど

□ **almost**《オールモウスト》
ほとんど

身近《みぢか》にあるいろいろな物事《ものごと》を、
英単語《えいたんご》でいえるようになると楽《たの》しいね！
これからも、どんどん覚《おぼ》えていこう！

英《えい》語《ご》さくいん

「scene1」～「scene312」と、「もっと英単語《えいたんご》を覚《おぼ》えよう」に出《だ》てきた英単語《えいたんご》を ABC 順《じゅん》で一覧《いちらん》にしたよ。ぜひチェックして。

A

a … 375
active … 370
activity … 366
address … 31
afraid … 103
Africa … 360
after … 355
afternoon … 354
again … 355
ago … 355
air … 307
air conditioner … 99
airplane … 17
airport … 17
alarm … 127
album … 71
alive … 167
almost … 377
alphabet … 135
already … 355
always … 354
am … 373
a.m. … 354
ambulance … 68
America … 217
amusement park … 362
an … 375
angry … 19
animal … 218
answer … 81
ant … 325
apple … 200, 356
April … 352
apron … 32
aquarium … 316
arch … 316
are … 373
arm … 204, 347
around … 53, 365
arrest … 133
arrive … 329
arrow … 282
art … 263
art museum … 33
artist … 263
arts and crafts … 266, 348
arts and crafts room … 108
Asia … 360
ask … 81
astronaut … 361
audience … 58
August … 352
aunt … 346
Australia … 360
autumn … 220
away … 364

B

baby … 145
back … 180
backpack … 161
bad … 211, 371
badminton … 349
bag … 41
ball … 10
balloon … 56
ballpoint pen … 374
bamboo … 359
banana … 269, 356
band … 13, 323
bandage … 105
bang … 26
bank … 37, 286
baseball … 240, 349
baseball player … 95
basketball … 153
bat … 164, 241
bath … 70
bathroom … 21
batter … 241
beach … 193, 369
bean … 268
bear … 175, 358
beautiful … 130
bed … 103
bedroom … 103
beefsteak … 104
beer … 123
before … 355
behind … 180, 365
believe … 373
belt … 285
bench … 328
best friend … 222
between … 188, 365
bicycle … 151
big … 195, 371
bike … 296
bird … 359
birthday … 353
bite … 105
black … 357
blackboard … 107, 351
blade … 105
blanket … 143
blind … 285
blood … 277
blossom … 310
blouse … 333
blue … 357
boat … 192
body … 319
boil … 106
book … 77
bookshelf … 258
bookstore … 237
boots … 46
borrow … 265

bottle 251
bottom 312
bow tie 13
bowl 198
box 109
boxer 183
boy 9
brave 247
bread 67
break 271
breakfast 84
bride 259
bridge 37, 362
bring 170
broom 129
brother 346
brown 357
brush 88, 270
bucket 129
bug 250
building 89
bus 17
bus driver 178
busy 235
butter 306
butterfly 250
button 143
buy 237
by 365
bye 346

C

cabbage 55, 356
cactus 359
cake 320
calculator 374
calendar 48
call 118
camera 208
camp 161
camping 367
candy 303
cap 46
car 50, 362
card 85
cardigan 83
care 330
carefully 255
carpet 267
carrot 163, 356
carry 68
cartoon 309
cartoonist 309
castle 194
castnanet 363
cat 211, 358
catch 10
cave 162
CD 233
ceiling 99
cell phone 178
chain 136
chair 155, 351
chalk 351
champion 183
change 373
chase 54
check 210
cheek 303
cheese 181
cherry 294
chess 185
chest 183
chick 320
chicken 104
child 8
children 141
chime 333
chimney 335
chin 289
China 360
chocolate 198
chopsticks 86
church 68
circle 138
city 41
classmate 158
classroom 107, 350, 351
claw 148
clean 129
clever 370
climb 271
clock 72
close 252, 306
closet 26
cloth 108
cloud 206, 368
cloudy 307
clover 332
coach 153
coat 46
coffee 73, 345
coin 36
cold 45, 371
collar 261
collect 260
come 140
comedian 361
comic book 32, 366
computer 134
computer game 47
concert 140
container 330
contest 317
continent 331
convenience store 311
cook 97, 106, 361
cookie 22
cooking room 350
cool 39
corn 122
corner 281
correct 318
country 287
cousin 253
cover 262
cow 30
crab 160
crayon 374

credit card 311
crocodile 216
cross 138
crowd 146
cry 44
cucumber 356
cup 38
cupboard 73
cupcake 313
curry and rice 102
curtain 22
cushion 365
customer 149
cut 324
cute 126
cycling 296

D

dance 201, 373
dancer 201
danger 162
dark 23
daughter 202
day 353
December 352
delicious 221
demon 268
dentist 361
department store 125
desert 369
desk 132, 351
dessert 170
detective 184
diamond 248
dictionary 85
dining room 40
dinner 212
dinosaur 284
dirty 245
dish 221
do 372
doctor 202, 361
dog 181, 358
doll 109
dolphin 216
donut 345
door 254
down 326, 364
drama 366
draw 173
drawer 260
dream 140
dress 121
drink 65, 264, 372
drive 87
driver 281
drop 28
drum 322
drummer 323
dust 130
DVD 233

E

ear 203, 347
early 355
earphone 171
earring 20
east 275
eat 22, 372
egg 304
eggplant 356
Eiffel Tower 135
eight 355
eighteen 355
eighty 355
elbow 319
elementary school 264, 350
elephant 358
elevator 207
eleven 355
e-mail 253
empty 235
end 274
English 174, 348
enjoy 122
entrance 152
entrance ceremony 351
envelope 150
eraser 265, 374
Europe 360
evening 354
event 268
excited 62
exciting 137, 371
exercise 204
expensive 249
eye 18, 347
eyebrow 321
eyelid 27

F

face 19, 347
fall 179
family 292
famous 300
fan 201, 289
fantastic 240
fast 147
fat 95
father 202, 346
favorite 366
feather 168
February 352
feed 251
feel 373
feet 211
fence 151
festival 217
fever 75
field 368
fifteen 355
fifty 355
fight 301
fill 251
find 14
fine 370
finger 82
fire 293

firefighter ········ 131
fireplace ········ 99
fireworks ········ 214
fish ········ 242
fisherman ········ 243
fishing ········ 242, 367
five ········ 355
flight attendant ········ 143, 361
float ········ 192
floor ········ 284
florist ········ 205, 361
flower ········ 28, 368
flower shop ········ 205
flute ········ 292
fly ········ 144
fog ········ 57
follow ········ 176
food ········ 212
foot ········ 124, 347
forehead ········ 278
foreign ········ 287
foreigner ········ 180
forest ········ 161, 368
fork ········ 86
forty ········ 355
four ········ 355
fourteen ········ 355
fox ········ 359
France ········ 360
French ········ 135
French fries ········ 232
fresh ········ 243
Friday ········ 353
fried chicken ········ 345
friend ········ 76
friendly ········ 160
frog ········ 359
front ········ 328
fruit ········ 223
full ········ 315
fun ········ 156
future ········ 376

G

game ········ 185
garbage ········ 365
garden ········ 364
gas station ········ 69
gentle ········ 219, 370
Germany ········ 360
get ········ 243
ghost ········ 203
gift ········ 200
ginger ale ········ 345
giraffe ········ 291
girl ········ 11
give ········ 131
glad ········ 370
glass ········ 64
glasses ········ 18
glove ········ 94, 240
glue stick ········ 374
go ········ 182
gold ········ 35
goldfish ········ 276
golf ball ········ 288
good ········ 332, 371
gorilla ········ 359
graduation ceremony ········ 351
grandfather ········ 346
grandmother ········ 346
grandparent ········ 346
grapes ········ 141, 356
grass ········ 8
gray ········ 357
great ········ 208
green ········ 357
green tea ········ 345
grilled fish ········ 160
ground ········ 175
group ········ 242
guest ········ 120
guitar ········ 321, 363
guitarist ········ 323
gum ········ 51
gun ········ 301
gym ········ 328, 350

H

hair ········ 9
hairband ········ 66
haircut ········ 280
hairdresser ········ 280
Halloween ········ 217
hamburger ········ 232
hammer ········ 209
hamster ········ 219
hand ········ 51, 347
handkerchief ········ 245
handle ········ 20
hang ········ 305
happy ········ 24
hard ········ 248
harmonica ········ 363
hat ········ 177
have ········ 51
hawk ········ 184
he ········ 375
head ········ 94, 347
healthy ········ 223
heart ········ 198
heavy ········ 247
heel ········ 36
helicopter ········ 307
hello ········ 346
help ········ 299
her ········ 375
hi ········ 346
hide ········ 142
high school ········ 350
hiking ········ 367
hill ········ 215
him ········ 375
hippopotamus ········ 216
his ········ 375
history ········ 199
hit ········ 55
hobby ········ 366

hold 222
hole 142
holiday 366
home 364
hoody 101
horizon 334
horn 291
horse 282, 358
hospital 124, 362
hot 73, 371
hot spring 70
hotel 48
hour 279
house 45, 364
housework 364
hungry 90
hurry 151
hurt 234
husband 24

I

I 375
ice 123
ice cream 294
idea 376
imagine 145
in 200, 365
information 376
ink 238
insect 325
inside 63
interested 250
interesting 371
Internet 302
introduce 300
is 373
island 57, 369
it 375
Italian 35
Italy 287
its 375

J

jacket 210
jam 189
January 352
Japan 360
Japanese 348
jaw 197
jet 144
job 361
jogging 244
juice 236
July 352
jump 258, 372
June 352
junior high school 350
just 377

K

key 25
keyboard 253
kick 61
kid 16
kind 223, 370
king 186
kiss 290
kitchen 100
kite 317
knee 109
knife 28
knight 168
knit 154
knitting needle 154
know 373
Korea 360

L

lady 222
lake 283, 368
language 360
large 259
late 355
laugh 12
leader 262
leaf 220
learn 174
leave 283
leaves 92
left 190, 364
leg 301, 347
lemon 38
lesson 158
letter 31, 96
letter slot 272
lettuce 356
library 77
lid 330
lie 91
lift 93
light 23
like 372
lily 359
line 173, 314
lion 196, 359
liquid 167
listen 197
little 175
locker 190
London 298
long 9, 371
look 71
loud 171
love 290
lovely 239
luck 376
lunch 189

M

magazine 366
mailbox 272
make 372
man 10
many 195
map 173, 351
marathon 349
March 352

marker 309, 374
mask 252
match 137
math 132, 348
May 352
me 346, 375
meal 189
meat 122
mechanical pencil 374
medicine 66
meet 153
melody 321
melon 141
memory 136
men 80
menu 303
message 131
microphone 43
milk 67
mineral water 233
minute 279
mirror 270
mistake 136
moment 355
Monday 353
money 150
monitor 134
monkey 127, 358
monster 148
month 49
moon 119, 369
moral education 348
morning 84, 354
mother 93, 346
motorcycle 94
mountain 84, 368
mouse 165
mouth 59, 347
move 234
movie 366
movie theater 89, 362
muffin 313
murderer 277
museum 297
mushroom 97
music 42, 348
music room 350
mustache 210
my 375

N

nail 271
name 31
nature 283
near 364
neck 157
necklace 133
needle 27
neighbor 364
net 256
never 354
new 371
news 207
newspaper 90
nice 371
night 8, 354
nine 355
nineteen 355
ninety 355
no 377
noise 52
noodles 236
noon 354
north 275
nose 176, 347
note 80
notebook 96, 374
November 352
now 355
number 314
nurse 278, 361

O

ocean 331
o'clock 354
October 352
octopus 359
offer 182
office 139
often 354
old 25, 371
omelet 306
on 64, 365
once 355
one 355
one hundred 355
one thousand 355
onion 163, 356
only 377
open 25
operation 166
orange 269, 357
order 75
our 375
outside 63
over 156
overcoat 152

P

page 325
paint 88
painting 263
pair 305
pajamas 270
palace 297
palette 88
panda 218, 358
pants 172
paper 188
parent 145, 346
parfait 236
park 297, 362
parking lot 50
party 120
passenger 52
patrol car 273
pay 311
P.E. 98, 348
peace 376

peach 357
peel 163
pen 34, 374
pencil 132, 374
pencil case 327, 374
pencil sharpener 374
person 239
pet 320
phone 57
photo 30
photograph 95
pianist 58
piano 188, 363
pick 162
picnic 367
picture 33, 292
pig 125
pillow 40
pilot 29, 361
pineapple 357
pink 357
pitcher 241
pizza 43, 345
plan 255
plane 52
plant 205
plastic bag 67
plate 126
play 47, 58
player 137
playground 15, 350
please 213
p.m. 354
pocket 130
point 19
pole 256
police officer 121
police station 235, 362
pond 53, 368
pool 315
popcorn 149
popular 196
port 334
post office 272, 362
postcard 96
poster 259
pot 100
potato 356
powerful 148
practice 246, 373
present 290
pretty 193
price 249
princess 169
problem 376
pull 76
purple 357
push 18
put 119

Q

queen 186
question 376
quickly 234
quiet 252
quiz 293

R

rabbit 126, 358
race 296
racket 72
radio 197
rail 267
railway 147
rain 39
rainbow 369
raincoat 244
rainy 74
raise 204
rake 257
read 32
reading 366
reason 376
record 85
recorder 363
rectangle 324
red 118, 357
repeat 286
reporter 207
restaurant 221
restroom 278
ribbon 219
rice 60
rice ball 43
rice bowl 212
ride 282
right 190, 293, 364
ring 82
rink 159
river 37, 368
road 215
roll 326
roof 335
room 23
rope 274
rose 313, 359
rugby 349
ruler 238, 374
run 54, 372
Russia 360

S

sad 44
salad 102
salesperson 149
salt 312
salty 304
sand 257
sandals 172
sandwich 329
Saturday 353
sausage 60
save 247
say 372
scared 142
scary 203
school 15
school festival 351
school gate 16

school nurse's office ···· 169
school principal's office ···· 350
school trip ···· 329
science ···· 348
scientist ···· 134
scissors ···· 139, 374
scream ···· 164
screen ···· 262
screwdriver ···· 209
sea ···· 193, 369
search ···· 302
season ···· 353
seat ···· 87
second ···· 279
secret ···· 376
see ···· 373
sell ···· 237
September ···· 352
serious ···· 166
serve ···· 299
seven ···· 355
seventeen ···· 355
seventy ···· 355
sewing kit ···· 327
shade ···· 191
shadow ···· 334
shake ···· 232
shape ···· 238
shark ···· 316
she ···· 375
sheep ···· 165
sheet ···· 40
shelf ···· 77
shell ···· 331
shirt ···· 172
shocked ···· 133
shoes ···· 121
shoot ···· 27
shop ···· 194
shopping ···· 213, 367
short ···· 146, 245, 370, 371
shorts ···· 15
shoulder ···· 82
shout ···· 47
show ···· 196
shower ···· 280
shrine ···· 146
shut ···· 26
shy ···· 370
sick ···· 191
sight ···· 285
sign ···· 273
signal ···· 89
silent ···· 286
sing ···· 42, 373
singer ···· 42
sink ···· 127
sister ···· 346
sit ···· 87
six ···· 355
sixteen ···· 355
sixty ···· 355
skate ···· 159
skating ···· 159
ski ···· 78
skier ···· 78
skirt ···· 152
sky ···· 65, 368
sleep ···· 91
sleepy ···· 59
sleeve ···· 333
slope ···· 215
small ···· 195, 371
smart ···· 248
smartphone ···· 322
smell ···· 176
smile ···· 98
smoke ···· 157, 335
snack time ···· 181
snake ···· 165, 358
sneaker ···· 305
sneeze ···· 295
snow ···· 45
snowboard ···· 78
snowy ···· 81
so ···· 377
soccer ···· 61, 349
soccer player ···· 61
soccer team ···· 62
social studies ···· 266, 348
socks ···· 254
soda ···· 327
sofa ···· 14, 365
solve ···· 273
sometimes ···· 354
son ···· 93
song ···· 156
soon ···· 355
sorry ···· 179
sound ···· 144
soup ···· 102
south ···· 275
spaghetti ···· 104
speak ···· 179
speech ···· 120
spicy ···· 304
spoon ···· 86
sport ···· 288
spring ···· 310
square ···· 324
squid ···· 359
stadium ···· 62
staff ···· 208
stairs ···· 54
stamp ···· 150
stand ···· 79, 310
stapler ···· 139, 374
star ···· 65, 369
start ···· 50
station ···· 206, 362
steak ···· 345
steam ···· 100
stomach ···· 90
stone ···· 53
stop ···· 79
store ···· 213
story ···· 376
stove ···· 106

straight 256, 364
straw hat 257
strawberry 60, 356
street 41, 362
stretcher 166
stripe 291
strong 11
student 169, 351
studio 322
study 199
subject 266
subway 314
suitcase 20
summer 214
sun 206, 368
Sunday 353
sunflower 359
sunglasses 125
surprised 34
sweat 239
sweater 155
sweet 294
sweet potato 55
swim 276
swimming 349
swimming pool 319
swimsuit 191
switch 108
sword 168

T

table 64
table tennis 72
take 92
talk 91
tall 101, 370
tank 276
tea 38
teach 174
teacher 98, 361
teachers' room 264, 350
team 71
tear 44, 274
teddy bear 29
teeth 261, 347
telephone 365
tell 373
temple 83
ten 355
tennis 299, 349
tent 317
test 318
textbook 107, 351
thank 265
that 375
the 375
the U.K. 360
the U.S.A. 360
their 375
them 375
these 375
they 375
thick 258
thing 376
think 128
thirsty 308
thirteen 355
thirty 355
this 375
those 375
three 355
throw 284
thumb 187
Thursday 353
ticket 182
tie 184
tiger 128, 358
time 74
tire 214
tired 59
title 277
today 353
toe 124, 347
together 76
toilet 63
tomato 312, 356
tomorrow 353
tonight 354
too 377
tooth 11
toothbrush 56
top 298
toss 187
touch 79
towel 70
tower 298
town 362
toy 29
track and field 349
train 147, 362
trainer 315
trash can 56
travel 367
tray 177
treasure 186
tree 220, 368
triangle 138
trip 295
trumpet 363
try 373
T-shirt 30
tube 167
Tuesday 353
turn 254, 281
TV 12
twelve 355
twenty 355
two 355

U

umbrella 118
uncle 346
under 14, 365
uniform 289
university 300
up 187, 364
us 375
use 373
usually 354

V

vacation 192
vase 260
vegetable 97
very 377
vest 199
vet 361
video camera 308
video game 366
violin 246, 363
visit 246
voice 13
volleyball 288
volume 171

W

wait 244
waiter 177
waitress 170
wake 158
walk 16, 372
wall 48
wallet 194
want 373
wash 21
watch 12, 119
water 21
waterfall 83
watermelon 357
waterspout 326
we 375
weak 308
wear 155
weather 74
website 302
Wednesday 353
week 49
welcome 157
west 275
wet 101
wheel 178
wheelchair 267
whisper 255
white 261, 357
wife 24
win 185
wind 92
window 39
wing 164
wink 36
winter 269
wire 209
woman 66
women 80
wonderful 33, 371
wool 154
word 35
work 69
worker 69
world 360
worry 75
wrist 295
write 34, 372
wrong 318

Y

year 49
yellow 357
yen 249
yes 377
yesterday 353
yogurt 345
you 375
young 123
your 375

Z

zebra 128
zero 355
zipper 332
zoo 218

日《ひ》付《づけ》

1st 353
2nd 353
3rd 353
4th 353
5th 353
6th 353
7th 353
8th 353
9th 353
10th 353
11th 353
12th 353
13th 353
14th 353
15th 353
16th 353
17th 353
18th 353
19th 353
20th 353
21st 353
22nd 353
23rd 353
24th 353
25th 353
26th 353
27th 353
28th 353
29th 353
30th 353
31st 353

日本語《にほんご》さくいん

「scene1」〜「scene312」と、「もっと英単語《えいたんご》を覚《おぼ》えよう」に出《で》てきた英単語《えいたんご》の「日本語《にほんご》の意味《いみ》」を五十音順《ごじゅうおんじゅん》で一覧《いちらん》にしたよ。ぜひチェックして。

あ行《ぎょう》

アーチ……316
愛《あい》している……290
アイスクリーム……294
アイススケート場《じょう》……159
(〜を) 愛《あい》する……290
(2つ・2人《ふたり》の) 間《あいだ》に［で、の］……188, 365
空《あ》いている……235
愛《あい》らしい……239
(〜に) 会《あ》う……153
青《あお》……357
赤《あか》……118, 357
赤《あか》い……118
赤《あか》ちゃん……145
上《あ》がって……187
赤《あか》んぼう……145
秋《あき》……220
(〜を) 開《あ》ける……25
あげる……131
(〜を) 上《あ》げる……204
あご (全体《ぜんたい》)……197
あごの先《さき》……289
朝《あさ》……84, 354
朝《あさ》ご飯《はん》……84
足《あし》……124, 347
あし……301, 347
アジア……360
明日《あした》……353
足《あし》の指《ゆび》……124, 347
あせ……239
(〜を) あたえる……131
頭《あたま》……94, 347
新《あたら》しい……243, 371
熱《あつ》い……73, 371
暑《あつ》い……73
厚《あつ》い……258
(〜を) 集《あつ》める……260
(時間《じかん》・順序《じゅんじょ》が)(〜の)後《あと》に［で、の］……355
穴《あな》……142
あなたたちの……375
あなたたちは……375
あなたたちを……375
あなたの……375
あなたは……375
あなたを……375
兄《あに》……346
姉《あね》……346
あの……375
アフリカ……360
あまい……294
雨《あま》どい……326
あまりに〜すぎる……377
あみ……256
編《あ》み針《ばり》……154
(〜を) 編《あ》む……154
雨《あめ》……39
雨《あめ》の……74
雨降《あめふ》りの……74
アメリカ (合衆国《がっしゅうこく》)……217, 360
誤《あやま》った……318
(〜を) 洗《あら》う……21
争《あらそ》う……301
あり……325
歩《ある》く……16, 372
(写真《しゃしん》などの)アルバム……71
アルファベット……135
あれ……375
あれら……375
胃《い》……90
いいえ……377
E《イー》メール……253
(〜を) 言《い》う……372
家《いえ》……45, 364
(家族《かぞく》の住《す》む) 家《いえ》……364
いか……359
生《い》きている……167
行《い》く……182
池《いけ》……53, 368
石《いし》……53
医師《いし》……202
医者《いしゃ》……202, 361
いす……155, 351
いそがしい……235
急《いそ》ぐ……151
イタリア……287
イタリア語《ご》……35
1……355
1月《がつ》……352
いちご……60, 356
1時間《じかん》……279
一度《いちど》……355
5日《いつか》……353
いっしょに……76
(容器《ようき》・場所《ばしょ》などを)いっぱいにする……251
いっぱいの……315
いつも……354
移動《いどう》する……234
いとこ……253
犬《いぬ》……181, 358
今《いま》(は)……355
妹《いもうと》……346
イヤホン……171
イヤリング……20
入《い》り口《ぐち》……152
いるか……216
入《い》れ物《もの》……330
(筆記《ひっき》・印刷用《いんさつよう》の)インク……238
インターネット……302
ウインクする……36
ウール……154
ウエーター……177
ウエートレス……170
(〜の) 上《うえ》に……156

(〜の) 上《うえ》に[で] …… 64, 365
ウェブサイト …… 302
上《うえ》へ [に] …… 187, 364
うかぶ …… 192
うく …… 192
動《うご》く …… 234
うさぎ …… 126, 358
(〜の) 後《うし》ろに[の] …… 180, 365
歌《うた》 …… 156
歌《うた》う …… 42, 373
内側《うちがわ》 …… 63
宇宙飛行士《うちゅうひこうし》 …… 361
うちわ …… 201
美《うつく》しい …… 130
うで …… 204, 347
うで時計《どけい》 …… 119
馬《うま》 …… 282, 358
海《うみ》 …… 193, 331, 369
海辺《うみべ》 …… 193
(〜を) 売《う》る …… 237
うれしい …… 370
運《うん》 …… 376
(車《くるま》などを) 運転《うんてん》する …… 87
(車《くるま》などを) 運転《うんてん》する人《ひと》 …… 281
運動《うんどう》 …… 204
運動《うんどう》ぐつ …… 305
運動場《うんどうじょう》 …… 15, 350
絵《え》 …… 33, 263
エアコン …… 99
(1本《ぼん》の) 映画《えいが》 …… 366
映画館《えいがかん》 …… 89, 362
英語《えいご》 …… 174, 348
英国《えいこく》 …… 360
(鉄道《てつどう》の) 駅《えき》 …… 206, 362
液体《えきたい》 …… 167
(〜に)えさをあたえる …… 251
エッフェルとう …… 135
エプロン …… 32
えり …… 261
得《え》る …… 243
エレベーター …… 207
円《えん》 …… 138
円《えん》 (お金《かね》の単位《たんい》) …… 249
演説《えんぜつ》 …… 120
(楽器《がっき》を) 演奏《えんそう》する …… 58
(屋根《やね》の) えんとつ …… 335
えん筆《ぴつ》 …… 132, 374
えん筆《ぴつ》入《い》れ …… 374
えん筆《ぴつ》けずり …… 374
追《お》いかける …… 54
(〜を) 追《お》う …… 54
王《おう》 …… 186
王宮《おうきゅう》 …… 297
黄金《おうごん》 …… 35
王女《おうじょ》 …… 169
王《おう》ひ …… 186
(〜を) おおう …… 262
大《おお》きい …… 195, 259, 371
大声《おおごえ》で言《い》う …… 47
オーストラリア …… 360
オートバイ …… 94
オーバー (コート) …… 152
おか …… 215
お金《かね》 …… 150
お気《き》に入《い》り …… 366
起《お》きる …… 158
(〜を) 置《お》く …… 119
おくり物《もの》 …… 200, 290
おこった …… 19
おこって …… 19
おじ …… 346
おじいさん …… 346
(教科《きょうか》・人《ひと》などを)教《おし》える …… 174
(〜を) おす …… 18
(時間《じかん》・時期《じき》が) おそく …… 355
おそれて …… 103
おそろしい …… 203
落《お》ちる …… 28
夫《おっと》 …… 24
おでこ …… 278
音《おと》 …… 144
お父《とう》さん …… 202
弟《おとうと》 …… 346
男《おとこ》の子《こ》 …… 9
男《おとこ》の人《ひと》 …… 10
落《お》とす …… 28
音《おと》の大《おお》きい …… 171
おどる …… 201, 373
おどる人《ひと》 …… 201
おどろいた …… 34
おなか …… 90
おに …… 268
おにぎり …… 43
おば …… 346
おばあさん …… 346
お化《ば》け …… 203
帯《おび》 …… 13
おびえた …… 142
覚《おぼ》え書《が》き …… 80
オムレツ …… 306
(病気《びょうき》やけがなどが)重《おも》い …… 166
重《おも》い …… 247
おもしろい …… 371
おもちゃ …… 29
親《おや》 …… 145, 346
おやつの時間《じかん》 …… 181
(手《て》の) 親指《おやゆび》 …… 187
泳《およ》ぐ …… 276
オレンジ …… 269, 357
終《お》わり …… 274
音楽《おんがく》 …… 42, 348
音楽室《おんがくしつ》 …… 350
温泉《おんせん》 …… 70
女《おんな》の子《こ》 …… 11
女《おんな》の人《ひと》 …… 66, 222
音量《おんりょう》 …… 171

か行《ぎょう》

カーディガン …… 83
カーテン …… 22
カーペット …… 267
絵画《かいが》 …… 263
貝《かい》がら …… 331
外国人《がいこくじん》 …… 180
外国《がいこく》の …… 287
階段《かいだん》 …… 54

外部《がいぶ》 …… 63
(想像上《そうぞうじょう》の) かいぶつ …… 148
買《か》い物《もの》 …… 213, 367
海洋《かいよう》 …… 331
(〜を) 買《か》う …… 237
かえる …… 359
(〜を) 変《か》える …… 373
顔《かお》 …… 19, 347
価格《かかく》 …… 249
科学者《かがくしゃ》 …… 134
かかと …… 36
鏡《かがみ》 …… 270
かぎ …… 25
(文字《もじ》・文章《ぶんしょう》などを)書《か》く … 34, 372
(絵《え》の具《ぐ》で絵《え》を) かく …… 88
(線《せん》で絵《え》を) かく …… 173
学園祭《がくえんさい》 …… 351
学生《がくせい》 …… 169, 351
かくれる …… 142
(人《ひと》や物《もの》の) かげ …… 334
かける …… 305
かさ …… 118
家事《かじ》 …… 364
かしこい …… 248
果実《かじつ》 …… 223
歌手《かしゅ》 …… 42
数《かず》 …… 314
カスタネット …… 363
風《かぜ》 …… 92
家族《かぞく》 …… 292
ガソリンスタンド …… 69
かた …… 82
かたい …… 248
形《かたち》 …… 238
刀《かたな》 …… 168
(競技《きょうぎ》・戦争《せんそう》などに)勝《か》つ … 185
かっこいい …… 39
学校《がっこう》 …… 15
(学校《がっこう》や社会《しゃかい》での) 活動《かつどう》 … 366
活動的《かつどうてき》な …… 370
(コーヒー・紅茶《こうちゃ》などの)カップ … 38
カップケーキ …… 313
家庭《かてい》 …… 364
角《かど》 …… 281
悲《かな》しい …… 44
金《かな》づち …… 209
かに …… 160
かねの音《おと》 …… 333
かのじょの …… 375
かのじょは …… 375
かのじょを …… 375
かば …… 216
かばん …… 41
花《か》びん …… 260
かべ …… 48
紙《かみ》 …… 188
かみの毛《け》 …… 9
(〜を) かむ …… 105
ガム …… 51
カメラ …… 208
画面《がめん》 …… 262
(コンピュータの) 画面《がめん》 … 134
科目《かもく》 …… 266
火曜日《かようび》 …… 353
カラー …… 261
体《からだ》 …… 319
空《から》の …… 235
(お金《かね》・物《もの》・考《かんが》えなどを)借《か》りる … 265
カレーライス …… 102
かれの …… 375
かれは …… 375
かれらの …… 375
かれらは …… 375
かれらを …… 375
かれを …… 375
カレンダー …… 48
川《かわ》 …… 37, 368
かわいい …… 126, 239
かわいらしい …… 126, 193
(果物《くだもの》・野菜《やさい》などの)皮《かわ》をむく … 163
考《かんが》え …… 376
考《かんが》える …… 128
(劇《げき》・コンサートなどの) 観客《かんきゃく》 … 58
(〜を) かんげいする …… 157
看護《かんご》 …… 330
韓国《かんこく》 …… 360
看護師《かんごし》 …… 278, 361
(〜に) 感謝《かんしゃ》する …… 265
(〜を) 感《かん》じる …… 373
関心《かんしん》のある …… 250
木《き》 …… 220, 368
(コンピュータなどの) キーボード …… 253
黄《き》 …… 357
記《き》おく …… 136
聞《き》く …… 81
(注意《ちゅうい》して) 聞《き》く …… 197
危険《きけん》 …… 162
騎士《きし》 …… 168
(〜に) キスする …… 290
(〜を) 傷《きず》つける …… 234
季節《きせつ》 …… 353
北《きた》 …… 275
ギター …… 321, 363
ギター奏者《そうしゃ》 …… 323
きたない …… 245
ギタリスト …… 323
キッチン …… 100
切手《きって》 …… 150
きつね …… 359
きっぷ …… 182
(〜を) 着《き》ている …… 155
昨日《きのう》 (は) …… 353
(食用《しょくよう》の) きのこ …… 97
(招《まね》かれた) 客《きゃく》 …… 120
(商店《しょうてん》などの) 客《きゃく》 …… 149
(旅客機《りょかくき》の) 客室乗務員《きゃくしつじょうむいん》 … 143, 361
キャベツ …… 55, 356
キャンディー …… 303
キャンプ …… 367
キャンプをする …… 161
9 …… 355
休《きゅう》か …… 192
救急車《きゅうきゅうしゃ》 …… 68
休日《きゅうじつ》 …… 366
90 …… 355

宮《きゅう》でん …… 297
牛乳《ぎゅうにゅう》 …… 67
級友《きゅうゆう》 …… 158
きゅうり …… 356
今日《きょう》 …… 353
教科《きょうか》 …… 266
(キリスト教《きょう》の) 教会《きょうかい》 …… 68
教科書《きょうかしょ》 …… 107, 351
教師《きょうし》 …… 98
行事《ぎょうじ》 …… 268
教室《きょうしつ》 …… 107, 350, 351
競走《きょうそう》 …… 296
興味《きょうみ》を持《も》った …… 250
きょうりゅう …… 284
強力《きょうりょく》な …… 148
きり …… 57
きりん …… 291
(はもので) (～を) 切《き》る …… 324
きれいな …… 130, 193
金《きん》 …… 35
金魚《きんぎょ》 …… 276
銀行《ぎんこう》 …… 286
近所《きんじょ》の人《ひと》 …… 364
金曜日《きんようび》 …… 353
(テレビなどで知識《ちしき》を問《と》う)クイズ …… 293
空港《くうこう》 …… 17
空中《くうちゅう》 …… 307
空腹《くうふく》の …… 90
9月《がつ》 …… 352
草《くさ》 …… 8
くさり …… 136
くしゃみ …… 295
薬《くすり》 …… 66
(ガラス・ゴム・金属《きんぞく》などの)管《くだ》 …… 167
くたびれた …… 59
果物《くだもの》 …… 223
口《くち》 …… 59, 347
口《くち》ひげ …… 210
くつ …… 121
クッキー …… 22
(短《みじか》い) くつ下《した》 …… 254
クッション …… 365
国《くに》 …… 287
首《くび》 …… 157
熊《くま》 …… 175, 358
熊手《くまで》 …… 257
熊《くま》のぬいぐるみ …… 29
組《くみ》 …… 305
雲《くも》 …… 206, 368
(空《そら》・天候《てんこう》が) くもった …… 307
暗《くら》い …… 23
グラス …… 64
クラスメート …… 158
(～を) くり返《かえ》す …… 286
(話《はな》し手《て》のところへ)来《く》る …… 140
グループ …… 242
車《くるま》いす …… 267
クレジットカード …… 311
クレヨン …… 374
黒《くろ》 …… 357
クローゼット …… 26
クローバー …… 332
グローブ …… 240
クロコダイル …… 216
群衆《ぐんしゅう》 …… 146
訓練係《くんれんがかり》 …… 315
計画《けいかく》 …… 255
警官《けいかん》 …… 121
警察署《けいさつしょ》 …… 235, 362
芸術《げいじゅつ》 …… 263
芸術家《げいじゅつか》 …… 263
けい帯電話《たいでんわ》 …… 178
毛糸《けいと》 …… 154
警報《けいほう》 …… 127
ケーキ …… 320
ゲーム …… 185
(～に) けがをさせる …… 234
劇《げき》 …… 366
消《け》しゴム …… 265, 374
けっして～ない …… 354
月曜日《げつようび》 …… 353
けむり …… 335
(～を) ける …… 61
けん …… 168
元気《げんき》な …… 370
健康《けんこう》な …… 223
健康《けんこう》によい …… 223
(～を) 検《けん》さくする …… 302
語《ご》 …… 35
5 …… 355
コイン …… 36
好意的《こういてき》な …… 160
幸運《こううん》 …… 376
公園《こうえん》 …… 297, 362
こう貨《か》 …… 36
高価《こうか》な …… 249
高校《こうこう》 …… 350
紅茶《こうちゃ》 …… 38
校長室《こうちょうしつ》 …… 350
幸福《こうふく》な …… 24
興奮《こうふん》させる …… 137
興奮《こうふん》した …… 62
こうもり …… 164
校門《こうもん》 …… 16
声《こえ》 …… 13
(運動《うんどう》・競技《きょうぎ》などの)コーチ …… 153
コート …… 46, 152
コーヒー …… 73, 345
氷《こおり》 …… 123
5月《がつ》 …… 352
国王《こくおう》 …… 186
国語《こくご》 …… 348
黒板《こくばん》 …… 107, 351
午後《ごご》 …… 354
9日《ここのか》 …… 353
(～しようと) 試《こころ》みる …… 373
50 …… 355
午前《ごぜん》 …… 84, 354
(質問《しつもん》などに) 答《こた》える …… 81
コック …… 106, 361
コップ …… 64
事《こと》 …… 376
言葉《ことば》 …… 360
子《こ》ども …… 8, 16
ご飯《はん》 …… 60
小《こ》ぶね …… 192

ごみ箱《ばこ》 …… 56
米《こめ》 …… 60
コメディアン …… 361
ゴリラ …… 359
ゴルフボール …… 288
これ …… 375
これら …… 375
転《ころ》がる …… 326
転《ころ》ぶ …… 179
こわがった …… 142
こわがって …… 103
(～を) こわす …… 271
コンサート …… 140
こんだて表《ひょう》 …… 303
こん虫《ちゅう》 …… 325
コンテスト …… 317
こんにちは …… 346
コンパクトディスク …… 233
今晩《こんばん》 …… 354
コンビニエンスストア …… 311
コンピュータ …… 134
今夜《こんや》 …… 354
(料理用《りょうりよう》の) こんろ …… 106

さ行《ぎょう》

(ボールを) サーブする …… 299
サイクリング …… 296
最後《さいご》 …… 274
祭日《さいじつ》 …… 217
さいふ …… 194
財宝《ざいほう》 …… 186
裁《さい》ほうセット …… 327
さお …… 256
坂《さか》 …… 215
さがす …… 302
魚《さかな》 …… 242
魚《さかな》つり …… 242, 367
さく …… 151
さくらんぼ …… 294
酒《さけ》 …… 65
さけぶ …… 47, 164
座席《ざせき》 …… 87
札入《さつい》れ …… 194
サッカー …… 61, 349
サッカー選手《せんしゅ》 …… 61
サッカーチーム …… 62
サッカー部《ぶ》 …… 62
雑誌《ざっし》 …… 366
殺人者《さつじんしゃ》 …… 277
殺人犯《さつじんはん》 …… 277
さつまいも …… 55
砂《さ》ばく …… 369
サボテン …… 359
寒《さむ》い …… 45
さめ …… 316
さよなら …… 346
(丸《まる》くて浅《あさ》い) 皿《さら》 …… 126
サラダ …… 102
さる …… 127, 358
(～に) さわる …… 79
3 …… 355
三角形《さんかくけい》 …… 138
3月《がつ》 …… 352
サングラス …… 125
30 …… 355
31日《にち》 …… 353
30日《にち》 …… 353
算数《さんすう》 …… 132, 348
サンダル …… 172
サンドイッチ …… 329
散《さん》ぱつ …… 280
～時《じ》 …… 354
試合《しあい》 …… 137
幸《しあわ》せな …… 24
シーツ …… 40
シーディー …… 233
寺院《じいん》 …… 83
ジェット機《き》 …… 144
塩《しお》 …… 312
塩気《しおけ》のある …… 304
歯科医《しかい》 …… 361
視覚《しかく》 …… 285
四角《しかく》 …… 324
4月《がつ》 …… 352
時間《じかん》 …… 74
試験《しけん》 …… 318
仕事《しごと》 …… 361
辞書《じしょ》 …… 85
静《しず》かな …… 252
自然《しぜん》 …… 283
(～の)下《した》に[へ、の] …… 14, 365
下《した》へ [に] …… 326, 364
7月《がつ》 …… 352
(情報《じょうほう》・事実《じじつ》などを)知《し》っている …… 373
じっと見《み》る …… 71
ジッパー …… 332
質問《しつもん》 …… 376
質問《しつもん》する …… 81
辞典《じてん》 …… 85
自転車《じてんしゃ》 …… 151, 296
自転車《じてんしゃ》に乗《の》ること …… 296
指導者《しどうしゃ》 …… 262
自動車《じどうしゃ》 …… 50, 362
しばしば …… 354
島《しま》 …… 57, 369
しま …… 291
しま馬《うま》 …… 128
ジム …… 328
事務室《じむしつ》 …… 139
事務所《じむしょ》 …… 139
(～を) 閉《し》める …… 26
(ドア・店《みせ》などを)閉《し》める …… 306
地面《じめん》 …… 175
シャープペンシル …… 374
社会科《しゃかいか》 …… 266, 348
じゃがいも …… 356
ジャケット …… 210
写真《しゃしん》 …… 30, 95, 292
シャツ …… 172
しゃべる …… 91
ジャム …… 189
しゃ面《めん》 …… 215
シャワー …… 280
週《しゅう》 …… 49
じゅう …… 301

10 …… 355
じゅう医《い》 …… 361
11 …… 355
11月《がつ》 …… 352
11日《にち》 …… 353
修学旅行《しゅうがくりょこう》 …… 329
10月《がつ》 …… 352
19 …… 355
19日《にち》 …… 353
15 …… 355
15日《にち》 …… 353
13 …… 355
13日《にち》 …… 353
十字形《じゅうじがた》 …… 138
住所《じゅうしょ》 …… 31
ジュース …… 236
住宅《じゅうたく》 …… 45, 364
集団《しゅうだん》 …… 242
じゅうたん …… 267
17 …… 355
17日《にち》 …… 353
12 …… 355
12月《がつ》 …… 352
12日《にち》 …… 353
18 …… 355
18日《にち》 …… 353
14日《か》 …… 353
14 …… 355
16 …… 355
16日《にち》 …… 353
授業《じゅぎょう》 …… 158
しゅく女《じょ》 …… 222
手術《しゅじゅつ》 …… 166
出発《しゅっぱつ》する …… 50
しゅみ …… 366
樹木《じゅもく》 …… 220
しゅん間《かん》 …… 355
(人《ひと》を) しょうかいする …… 300
小学校《しょうがっこう》 …… 264, 350
蒸気《じょうき》 …… 100
定規《じょうぎ》 …… 238, 374
乗客《じょうきゃく》 …… 52
正午《しょうご》 …… 354
少女《しょうじょ》 …… 11
少年《しょうねん》 …… 9
情報《じょうほう》 …… 376
消防士《しょうぼうし》 …… 131
(～の) 正面《しょうめん》 …… 328
女王《じょおう》 …… 186
ショートパンツ …… 15
ジョギング …… 244
職《しょく》 …… 361
職員《しょくいん》 …… 208
職員室《しょくいんしつ》 …… 264, 350
食事《しょくじ》 …… 189
食堂《しょくどう》 …… 40
植物《しょくぶつ》 …… 205
食物《しょくもつ》 …… 212
食料《しょくりょう》 …… 212
女性《じょせい》 …… 66
女性《じょせい》の給仕人《きゅうじにん》 …… 170
食器《しょっき》だな …… 73
ショックを受《う》けた …… 133
書店《しょてん》 …… 237
書名《しょめい》 …… 277
書物《しょもつ》 …… 77
(正《ただ》しいか、安全《あんぜん》か)(～を)調《しら》べる …… 210
視力《しりょく》 …… 285
城《しろ》 …… 194
白《しろ》 …… 261, 357
白《しろ》い …… 261
信号機《しんごうき》 …… 89
深刻《しんこく》な …… 166
しん室《しつ》 …… 103
神社《じんじゃ》 …… 146
ジンジャーエール …… 345
(物《もの》や事《こと》・人《ひと》・人《ひと》の言《い》うことを)信《しん》じる …… 373
親切《しんせつ》な …… 223, 370
新《しん》せんな …… 243
身体《しんたい》 …… 319
心配《しんぱい》する …… 75
新婦《しんぷ》 …… 259
新聞《しんぶん》 …… 90
親友《しんゆう》 …… 222
森林《しんりん》 …… 161, 368
水泳《すいえい》 …… 349
すいか …… 357
水《すい》そう …… 276
水族館《すいぞくかん》 …… 316
スイッチ …… 108
水平線《すいへいせん》 …… 334
水曜日《すいようび》 …… 353
数学《すうがく》 …… 132, 348
数字《すうじ》 …… 314
スーツケース …… 20
スープ …… 102
スカート …… 152
スキーをする …… 78
スキーをする人《ひと》 …… 78
(～が) 好《す》きである …… 372
(危険《きけん》などから)(～を)救《すく》う …… 247
優《すぐ》れた …… 208
スケート …… 159
スケートぐつ …… 159
図工《ずこう》 …… 266, 348
図工室《ずこうしつ》 …… 108
筋《すじ》 …… 291
スタジアム …… 62
スタジオ …… 322
スタッフ …… 208
スティックのり …… 374
ステーキ …… 345
すてきな …… 371
すでに …… 355
ストレッチャー …… 166
砂《すな》 …… 257
スニーカー …… 305
スノーボード …… 78
スパイスのきいた …… 304
スパゲッティ …… 104
すばらしい …… 33, 208, 371
スピーチ …… 120
スプーン …… 86
スポーツ …… 288

ズボン……172
スマートフォン……322
すまなく思《おも》って……179
スマホ……322
(スポーツ・ゲームなどを)する……47
(～を) する……372
スロープ……215
座《すわ》る……87
背《せ》……180
正確《せいかく》な……318
生徒《せいと》……169, 351
制服《せいふく》……289
正方形《せいほうけい》……324
セーター……155
世界《せかい》……360
背《せ》が高《たか》い……101, 370
背《せ》が低《ひく》い……146, 370
席《せき》……87
背中《せなか》……180
0……355
世話《せわ》……330
線《せん》……173
1000……355
選手《せんしゅ》……137
せんす……201
先生《せんせい》……98, 361
洗面所《せんめんじょ》……21
せん律《りつ》……321
線路《せんろ》……147
象《ぞう》……358
そうおん……52
そうじする……129
操縦士《そうじゅうし》……29
(～を) 想像《そうぞう》する……145
ソーセージ……60
底《そこ》……312
卒業式《そつぎょうしき》……351
ソックス……254
(衣服《いふく》の) そで……333
外側《そとがわ》……63
その……375
(～の)(すぐ)そばに[の]……365
祖父《そふ》……346
ソファー……14, 365
祖母《そぼ》……346
空《そら》……65, 307, 368
それの……375
それは……375
それほど……377
それらは……375
それを……375
そんなに……377

た行《ぎょう》

体育《たいいく》……98, 348
体育館《たいいくかん》……328, 350
大学《だいがく》……300
たいこ……322
体操《たいそう》……204
たいてい……354
台所《だいどころ》……100
(人《ひと》を) たいほする……133
題名《だいめい》……277
タイヤ……214
ダイヤモンド……248
太陽《たいよう》……206, 368
大陸《たいりく》……331
タオル……70
たおれる……179
たか……184
高《たか》い……101
宝《たから》……186
たき……83
(数《かず》が) たくさんの……195
竹《たけ》……359
(たこあげの) たこ……317
たこ……359
多数《たすう》の……195
助《たす》ける……247, 299
たずねる……81
訪《たず》ねる……246
(～と) 戦《たたか》う……301
(～を) たたく……55
正《ただ》しい……318
(考《かんが》え・答《こた》えなどが)正《ただ》しい……293
ただ～だけの……377
立《た》ち去《さ》る……283
立《た》つ……79
たっ球《きゅう》……72
立《た》っている……79
建物《たてもの》……89
たな……77
楽《たの》しさ……156
(～を) 楽《たの》しむ……122
たばこを吸《す》う……157
(～を) 食《た》べる……22, 372
球《たま》……10
卵《たまご》……304
だまっている……286
玉《たま》ねぎ……163, 356
タワー……298
たんか……166
単語《たんご》……35
ダンサー……201
炭酸飲料《たんさんいんりょう》……327
炭酸水《たんさんすい》……327
誕生日《たんじょうび》……353
男性《だんせい》……10
男性《だんせい》の給仕人《きゅうじにん》……177
探偵《たんてい》……184
暖《だん》ろ……99
血《ち》……277
小《ちい》さい……175, 195, 371
チーズ……181
(スポーツなどの) チーム……71
チェス……185
近《ちか》い……252
(空間的《くうかんてき》・時間的《じかんてき》に)近《ちか》い……364
地下鉄《ちかてつ》……314
力《ちから》の強《つよ》い……148
チキン……104
チケット……182
地図《ちず》……173, 351
父親《ちちおや》……202, 346
地平線《ちへいせん》……334
茶《ちゃ》……38

茶《ちゃ》(色《いろ》) …… 357
チャイム …… 333
茶《ちゃ》わん …… 212
チャンピオン …… 183
注意深《ちゅういぶか》く …… 255
中学校《ちゅうがっこう》 …… 350
中国《ちゅうごく》 …… 360
ちゅう車場《しゃじょう》 …… 50
昼食《ちゅうしょく》 …… 189
チューブ …… 167
ちょう …… 250
(競走馬《きょうそうば》や、ショーに出《で》る動物《どうぶつ》などの)
調教師《ちょうきょうし》 …… 315
頂上《ちょうじょう》 …… 298
朝食《ちょうしょく》 …… 84
ちょうど …… 377
ちょうネクタイ …… 13
長方形《ちょうほうけい》 …… 324
調理師《ちょうりし》 …… 106
調理室《ちょうりしつ》 …… 350
チョーク …… 351
チョコレート …… 198
チョッキ …… 199
対《つい》 …… 305
1日《ついたち》 …… 353
(〜に)ついて行《い》く[来《く》る] …… 176
(〜を)使《つか》う …… 373
(〜を)つかまえる …… 10
(〜を)つかむ …… 10
つかれた …… 59
(こよみの上《うえ》の) 月《つき》 …… 49
(天体《てんたい》の) 月《つき》 …… 119, 369
着《つ》く …… 329
机《つくえ》 …… 132, 351
(〜を) 作《つく》る …… 372
(牛《うし》などの) 角《つの》 …… 291
つばさ …… 164
妻《つま》 …… 24
つま先《さき》 …… 124, 347
(〜を) つまみとる …… 162
(鳥《とり》やけもののとがった)つめ …… 148
(指《ゆび》の) つめ …… 271
冷《つめ》たい …… 45, 371
(力《ちから》・体《からだ》などが) 強《つよ》い …… 11
(〜を) つるす …… 305
(人《ひと》を) 連《つ》れて行《い》く …… 92
手《て》 …… 51, 347
〜である …… 373
T《ティー》シャツ …… 30
ディーブイディー …… 233
提供《ていきょう》する …… 182
てい防《ぼう》 …… 37
底面《ていめん》 …… 312
テーブル …… 64
手紙《てがみ》 …… 31
手首《てくび》 …… 295
デザート …… 170
テスト …… 318
手《て》すり …… 267
手帳《てちょう》 …… 96
(〜を) 手伝《てつだ》う …… 299
鉄道《てつどう》 …… 147
てっぺん …… 298
テディーベア …… 29
(〜を) 手《て》に入《い》れる …… 243
テニス …… 299, 349
(〜を) 手《て》に持《も》っている …… 222
デパート …… 125
手《て》ぶくろ …… 94
寺《てら》 …… 83
テレビゲーム …… 47, 366
テレビ …… 12
店員《てんいん》 …… 149
天気《てんき》 …… 74
伝言《でんごん》 …… 131
電車《でんしゃ》 …… 147
天《てん》じょう …… 99
電《でん》たく …… 374
テント …… 317
電話《でんわ》 …… 57, 365
電話機《でんわき》 …… 57
戸《と》 …… 254
ドア …… 254
ドイツ …… 360
トイレ …… 21
(公共《こうきょう》の場所《ばしょ》の) トイレ …… 278
とう …… 298
どうか(〜してください) …… 213
どうくつ …… 162
どうぞ …… 213
とう着《ちゃく》する …… 329
道徳《どうとく》 …… 348
(手紙《てがみ》の) 投入口《とうにゅうぐち》 …… 272
動物《どうぶつ》 …… 218
動物園《どうぶつえん》 …… 218
とうもろこし …… 122
道路《どうろ》 …… 215
10日《とおか》 …… 353
ドーナツ …… 345
通《とお》り …… 41, 362
都会《とかい》 …… 41
時《とき》 …… 74
時々《ときどき》 …… 354
(問題《もんだい》・なぞなどを)解《と》く …… 273
読書《どくしょ》 …… 366
時計《とけい》 …… 72
都市《とし》 …… 41
年《とし》 …… 49
年取《としと》った …… 25
図書館《としょかん》 …… 77
図書室《としょしつ》 …… 77
取《と》っ手《て》 …… 20
土手《どて》 …… 37
とても …… 377
とてもおいしい …… 221
とてもすばらしい …… 240
(鳥《とり》・飛行機《ひこうき》・虫《むし》などが) 飛《と》ぶ …… 144
とぶ …… 258, 372
トマト …… 312, 356
止《と》まる …… 79
(〜を) 止《と》める …… 79
友達《ともだち》 …… 76
ともに …… 76
土曜日《どようび》 …… 353
とら …… 128, 358
ドラマ …… 366

ドラマー …… 323
ドラム …… 322
ドラム奏者《そうしゃ》 …… 323
トランプ（の札《ふだ》） …… 85
トランペット …… 363
鳥《とり》 …… 359
鳥肉《とりにく》 …… 104
ドレス …… 121
どんぶり …… 198

な行《ぎょう》

ナイフ …… 28
内部《ないぶ》 …… 63
（長《なが》さ・きょり・時間《じかん》などが）長《なが》い …… 9, 371
長《なが》いす …… 328
長《なが》ぐつ …… 46
（台所《だいどころ》の）流《なが》し …… 127
（～の）中《なか》に［で、の］ …… 200, 365
（声《こえ》をあげて）泣《な》く …… 44
（こう貨《か》を）投《な》げて決《き》める …… 187
（～を）投《な》げる …… 284
なす …… 356
夏《なつ》 …… 214
7 …… 355
70 …… 355
7日《なのか》 …… 353
（深《ふか》い）なべ …… 100
（人《ひと》・物《もの》の）名前《なまえ》 …… 31
（台所《だいどころ》の）生《なま》ごみ …… 365
なみだ …… 44
（～を）習《なら》う …… 174
2 …… 355
にえ立《た》つ …… 106
（～の）においをかぐ …… 176
2月《がつ》 …… 352
にぎっている …… 222
（食用《しょくよう》の）肉《にく》 …… 122
西《にし》 …… 275
にじ …… 369
20 …… 355
21日《にち》 …… 353
29日《にち》 …… 353
25日《にち》 …… 353
23日《にち》 …… 353
27日《にち》 …… 353
22日《にち》 …… 353
28日《にち》 …… 353
24日《か》 …… 353
26日《にち》 …… 353
日曜日《にちようび》 …… 353
日本《にっぽん》 …… 360
入学式《にゅうがくしき》 …… 351
（新聞《しんぶん》・放送《ほうそう》などの）ニュース …… 207
入浴《にゅうよく》 …… 70
庭《にわ》 …… 364
人気《にんき》のある …… 196
人形《にんぎょう》 …… 109
にんじん …… 163, 356
布《ぬの》 …… 108
ぬれた …… 101
ネクタイ …… 184
ねこ …… 211, 358
ねじ回《まわ》し …… 209
（小《ちい》さい）ねずみ …… 165
値段《ねだん》 …… 249
（病気《びょうき》の）熱《ねつ》 …… 75
ネックレス …… 133
ネット …… 256
ねどこ …… 103
ねむい …… 59
ねむる …… 91
ノート …… 96, 374
のどがかわいた …… 308
野原《のはら》 …… 368
（～を［に］）登《のぼ》る …… 271
飲《の》み物《もの》 …… 65
（飲《の》み物《もの》を）飲《の》む …… 264, 372
（馬《うま》・自転車《じてんしゃ》・バイクなどの乗《の》り物《もの》に）乗《の》る …… 282

は行《ぎょう》

歯《は》 …… 11
（ナイフなどの）は …… 105
葉《は》 …… 220
パーティー …… 120
ハート形《がた》の物《もの》 …… 198
ハーモニカ …… 363
はい …… 377
灰色《はいいろ》 …… 357
バイオリン …… 246, 363
ハイキング …… 367
売店《ばいてん》 …… 310
パイナップル …… 357
（飛行機《ひこうき》の）パイロット …… 29, 361
はがき …… 96
博物館《はくぶつかん》 …… 297
バケツ …… 129
箱《はこ》 …… 109
（～を）運《はこ》ぶ …… 68
はさみ …… 139, 374
橋《はし》 …… 37, 362
（食事用《しょくじよう》の）はし …… 86
パジャマ …… 270
柱《はしら》 …… 256
走《はし》る …… 54, 372
バス …… 17
はずかしがる …… 370
バスケットボール …… 153
バスの運転手《うんてんしゅ》 …… 178
バター …… 306
働《はたら》く …… 69
働《はたら》く人《ひと》 …… 69
バタン（という音《おと》） …… 26
8 …… 355
8月《がつ》 …… 352
80 …… 355
20日《はつか》 …… 353
バッグ …… 41
バックパック …… 161
発見《はっけん》する …… 14
（～を）発射《はっしゃ》する …… 27
×印《じるし》 …… 138
バッター …… 241
（野球《やきゅう》などの）バット …… 241
バドミントン …… 349

パトロールカー …… 273
花《はな》 …… 28, 368
(特《とく》に果実《かじつ》のなる木《き》の)花《はな》 …… 310
鼻《はな》 …… 176, 347
(～を) 話《はな》す …… 91, 179, 373
バナナ …… 269, 356
花火《はなび》 …… 214
花屋《はなや》 …… 205, 361
花屋《はなや》 (の主人《しゅじん》) …… 205
花《はな》よめ …… 259
はなれたところへ …… 364
(場所《ばしょ》を) はなれる …… 283
(1枚《まい》1枚《まい》の) 羽《はね》 …… 168
はねる …… 258
母《はは》 …… 93
母親《ははおや》 …… 93, 346
パフェ …… 236
歯《は》ブラシ …… 56
浜《はま》 …… 193, 369
ハムスター …… 219
(速度《そくど》が) 速《はや》く …… 147
速《はや》く …… 234
(時間《じかん》・時期《じき》が) 早《はや》く …… 355
腹《はら》 …… 90
ばら …… 313, 359
(代金《だいきん》を) はらう …… 311
針《はり》 …… 27
針金《はりがね》 …… 209
春《はる》 …… 310
バレーボール …… 288
パレット …… 88
ハロウィーン …… 217
晩《ばん》 …… 8, 354
パン …… 67
ハンカチ …… 245
番号《ばんごう》 …… 314
半《はん》ズボン …… 15
パンダ …… 218, 358
(音楽《おんがく》を演奏《えんそう》する) バンド …… 323
(自動車《じどうしゃ》の) ハンドル …… 178
ハンバーガー …… 232
火《ひ》 …… 293
日《ひ》 …… 353
ピアニスト …… 58
ピアノ …… 188, 363
ビーフステーキ …… 104
ビール …… 123
日《ひ》かげ …… 191
東《ひがし》 …… 275
光《ひかり》 …… 23
(～を) 引《ひ》きさく …… 274
(たんす・机《つくえ》などの)引《ひ》き出《だ》し …… 260
(～を) 引《ひ》く …… 76
(線《せん》を) 引《ひ》く …… 173
ピクニック …… 367
飛行機《ひこうき》 …… 17, 52
飛行場《ひこうじょう》 …… 17
ひざ …… 109
ピザ …… 43, 345
ひじ …… 319
美術《びじゅつ》 …… 263
美術館《びじゅつかん》 …… 33
美術室《びじゅつしつ》 …… 108
非常《ひじょう》に …… 377
ピストル …… 301
ひそひそ話《はな》す …… 255
額《ひたい》 …… 278
左《ひだり》の …… 190, 364
びっくりした …… 34
羊《ひつじ》 …… 165
ピッチャー …… 241
ビデオカメラ …… 308
人《ひと》 …… 239
人《ひと》ごみ …… 146
1つの …… 375
1人《ひとり》の …… 375
ひな鳥《どり》 …… 320
ビニールぶくろ …… 67
ひまわり …… 359
秘密《ひみつ》 …… 376
悲鳴《ひめい》をあげる …… 164
ひも …… 13
100 …… 355
(時間《じかん》の) 秒《びょう》 …… 279
病院《びょういん》 …… 124, 362
病気《びょうき》の …… 191
美容師《びようし》 …… 280
標識《ひょうしき》 …… 273
ひよこ …… 320
開《ひら》く …… 25
ビル …… 89
びん …… 251
ピンク …… 357
ファスナー …… 332
ファン …… 289
風船《ふうせん》 …… 56
ブーツ …… 46
ふうとう …… 150
フード付《つ》きの服《ふく》 …… 101
プール …… 315, 319
フェルトペン …… 309
(食事用《しょくじよう》の) フォーク …… 86
夫人《ふじん》 …… 24
ふた …… 330
ぶた …… 125
再《ふたた》び …… 355
2日《ふつか》 …… 353
筆《ふで》 …… 88
筆箱《ふでばこ》 …… 327
ぶどう …… 141, 356
太《ふと》った …… 95
冬《ふゆ》 …… 269
フライドチキン …… 345
フライドポテト …… 232
ブラウス …… 333
ブラシ …… 88
フランス …… 360
フランス語《ご》 …… 135
フランス人《じん》 …… 135
ふり向《む》く …… 254
古《ふる》い …… 371
フルート …… 292
プレゼント …… 290
ふれる …… 79
ふろ …… 70
(時間《じかん》の) 分《ふん》 …… 279

ヘアバンド …… 66
へい …… 151
米国《べいこく》 …… 217
平和《へいわ》 …… 376
(本《ほん》などの) ページ …… 325
ベスト …… 199
ベッド …… 103
ペット …… 320
へび …… 165, 358
部屋《へや》 …… 23
ヘリコプター …… 307
ベルト …… 285
ペン …… 34, 374
(水洗式《すいせんしき》の) 便器《べんき》 …… 63
(～を) 勉強《べんきょう》する …… 199
ベンチ …… 328
棒《ぼう》 …… 256
ほうき …… 129
(ふちなしの) ぼうし …… 46
(ふちのある) ぼうし …… 177
包帯《ほうたい》 …… 105
報道記者《ほうどうきしゃ》 …… 207
(人《ひと》を) 訪問《ほうもん》する …… 246
ボウル …… 198
ほお …… 303
ボート …… 192
ボール …… 10
ボールペン …… 374
ぼく …… 346
ボクサー …… 183
ポケット …… 130
保健室《ほけんしつ》 …… 169
保護《ほご》 …… 330
ほこり …… 130
星《ほし》 …… 65, 369
(～が) 欲《ほ》しい …… 373
ポスター …… 259
ボタン …… 143
ホチキス …… 139, 374
ポップコーン …… 149
ホテル …… 48
ほとんど …… 377
ほほえむ …… 98
本《ほん》 …… 77
ぼん …… 177
本《ほん》だな …… 258
本屋《ほんや》 …… 237

ま行《ぎょう》

マーカー …… 309, 374
マイク …… 43
マイクロホン …… 43
前《まえ》 …… 328
(時間《じかん》・順序《じゅんじょ》が)(～の)前《まえ》に …… 355
(今《いま》から) ～前《まえ》に …… 355
曲《ま》がり角《かど》 …… 281
曲《ま》がる …… 281
まくら …… 40
マスク …… 252
また …… 355
町《まち》 …… 362
まちがい …… 136
(考《かんが》え・選《せん》たくなどが)まちがった …… 318
待《ま》つ …… 244
まっすぐな …… 256, 364
祭《まつ》り …… 217
窓《まど》 …… 39
学《まな》ぶ …… 174
マフィン …… 313
まぶた …… 27
豆《まめ》 …… 268
まもなく …… 355
まゆ …… 321
まゆ毛《げ》 …… 321
マラソン …… 349
(～の) 周《まわ》りに [を] …… 53, 365
(新聞《しんぶん》・雑誌《ざっし》などの)まんが …… 309
まんが家《か》 …… 309
まんが本《ぼん》 …… 32, 366
(～が) 見《み》える …… 373
(ブラシで)(～を)みがく …… 270
右《みぎ》の …… 190, 364
(長《なが》さ・きょり・時間《じかん》などが) 短《みじか》い …… 245, 371
水《みず》 …… 21
湖《みずうみ》 …… 283, 368
(女性用《じょせいよう》の) 水着《みずぎ》 …… 191
店《みせ》 …… 194, 213
(～を) 見《み》せる …… 196
満《み》たす …… 251
3日《みっか》 …… 353
(人《ひと》・物《もの》を) 見《み》つける …… 14
緑《みどり》 …… 357
港《みなと》 …… 334
南《みなみ》 …… 275
身《み》につけている …… 155
ミネラルウォーター …… 233
耳《みみ》 …… 203, 347
耳《みみ》をかたむける …… 197
未来《みらい》 …… 376
(～を) (じっと) 見《み》る …… 12
見《み》る …… 71
ミルク …… 67
ミルクシェイク …… 232
6日《むいか》 …… 353
麦《むぎ》わらぼうし …… 257
虫《むし》 …… 250
息子《むすこ》 …… 93
むすめ …… 202
胸《むね》 …… 183
むらさき …… 357
目《め》 …… 18, 347
命令《めいれい》する …… 75
め牛《うし》 …… 30
目《め》が覚《さ》める …… 158
眼鏡《めがね》 …… 18
メッセージ …… 131
メニュー …… 303
目《め》の不自由《ふじゆう》な …… 285
目《め》の見《み》えない …… 285
メモ …… 80
メロディー …… 321
メロン …… 141
めん類《るい》 …… 236
(人《ひと》に)(～を) 申《もう》し出《で》る …… 182
毛布《もうふ》 …… 143

木曜日《もくようび》 …… 353
文字《もじ》 …… 96
(〜を) 持《も》ち上《あ》げる …… 93
(〜を) 持《も》っている …… 51
(物《もの》を) 持《も》ってくる …… 170
物《もの》 …… 376
(不快《ふかい》な) 物音《ものおと》 …… 52
物語《ものがたり》 …… 376
物差《ものさ》し …… 238
もも …… 357
森《もり》 …… 161
問題《もんだい》 …… 376

や行《ぎょう》

矢《や》 …… 282
やあ …… 346
焼《や》き魚《ざかな》 …… 160
野球《やきゅう》 …… 240, 349
野球選手《やきゅうせんしゅ》 …… 95
野菜《やさい》 …… 97
(人《ひと》が)優《やさ》しい …… 219, 223, 370
休《やす》み …… 192
屋台《やたい》 …… 310
(建物《たてもの》の) 屋根《やね》 …… 335
破《やぶ》る …… 274
山《やま》 …… 84, 368
遊園地《ゆうえんち》 …… 362
夕方《ゆうがた》 …… 354
勇《ゆう》かんな …… 247
友好的《ゆうこうてき》な …… 160
夕食《ゆうしょく》 …… 212
友人《ゆうじん》 …… 76
郵便局《ゆうびんきょく》 …… 272, 362
郵便《ゆうびん》ポスト …… 272
(よい意味《いみ》で) 有名《ゆうめい》な …… 300
ゆうれい …… 203
ゆか …… 284
雪《ゆき》 …… 45
雪《ゆき》の多《おお》い …… 81
雪《ゆき》の降《ふ》る …… 81
湯気《ゆげ》 …… 100
ユニフォーム …… 289
(手《て》の) 指《ゆび》 …… 82
指輪《ゆびわ》 …… 82
指《ゆび》を差《さ》す …… 19
弓形《ゆみがた》の門《もん》 …… 316
夢《ゆめ》 …… 140
ゆり …… 359
よい …… 332, 371
8日《ようか》 …… 353
容器《ようき》 …… 330
用心深《ようじんぶか》く …… 255
(作《つく》りつけの)洋服《ようふく》だんす …… 26
ヨーグルト …… 345
ヨーロッパ …… 360
よく …… 354
浴室《よくしつ》 …… 21
横《よこ》たわる …… 91
横《よこ》になる …… 91
よごれた …… 245
4日《よっか》 …… 353
(声《こえ》を出《だ》して)(名前《なまえ》などを)呼《よ》ぶ …… 118
(〜を) 読《よ》む …… 32
夜《よる》 …… 8, 354
(体力《たいりょく》などが) 弱《よわ》い …… 308
4 …… 355
40 …… 355

ら行《ぎょう》

(おすの) ライオン …… 196, 359
ラグビー …… 349
(テニス・たっ球《きゅう》などの) ラケット …… 72
ラジオ (放送《ほうそう》) …… 197
リーダー …… 262
理科《りか》 …… 348
陸上競技《りくじょうきょうぎ》 …… 349
利口《りこう》な …… 248, 370
リコーダー …… 363
リボン …… 219
理由《りゆう》 …… 376
リュックサック …… 161
漁師《りょうし》 …… 243
料理《りょうり》 …… 221
(熱《ねつ》を加《くわ》えて)(〜を)料理《りょうり》する …… 97
緑茶《りょくちゃ》 …… 345
旅行《りょこう》 …… 295, 367
りんご …… 200, 356
レインコート …… 244
レース …… 296
歴史《れきし》 …… 199
レコード …… 85
レストラン …… 221
レタス …… 356
列車《れっしゃ》 …… 147, 362
レポーター …… 207
レモン …… 38
レンジ …… 106
(〜を) 練習《れんしゅう》する …… 246, 373
労働者《ろうどうしゃ》 …… 69
ロープ …… 274
6 …… 355
6月《がつ》 …… 352
60 …… 355
ロシア …… 360
(バス・列車《れっしゃ》などの)路線《ろせん》 …… 314
ロッカー …… 190
ロンドン …… 298

わ行《ぎょう》

輪《わ》 …… 82
若《わか》い …… 123
わく …… 106
わくわくさせる …… 137, 371
私《わたし》 …… 346
私《わたし》たちの …… 375
私《わたし》たちは …… 375
私《わたし》たちを …… 375
私《わたし》の …… 375
私《わたし》は …… 375
私《わたし》を …… 375
わに …… 216
(声《こえ》を出《だ》して) 笑《わら》う …… 12
悪《わる》い …… 211, 371

名探偵コナンの
12才までに覚えたい
英単語1200

2020年11月23日　　初版第1刷発行
2023年11月15日　　　　第4刷発行

原作　青山剛昌
監修　アレン玉井光江（青山学院大学教授）

発行者　吉田兼一
発行所　株式会社　小学館
〒101-8001　東京都千代田区一ツ橋2-3-1
電話　編集 03-3230-5170
販売 03-5281-3555
印刷所　図書印刷株式会社
製本所　牧製本印刷株式会社

Printed in Japan
ISBN 978-4-09-227236-1

装丁・本文デザイン　高橋久美
編集協力　大場祐一、樋口岳（ジャレックス）
校閲　長倉利夫、迫上真夕子
英文校閲　Bruce Allen
DTP　創樹
協力　昭和ブライト
イラスト　岩﨑隼（p.345～377）
音声録音・編集　英語教育協議会（ELEC）
音声ナレーション　Karen Haedrich、AIRI

制作　木戸礼、斉藤陽子
販売　北森碧、窪康男
宣伝　野中千織
編集　深味文子

★小学館の辞書公式ウェブサイト「ことばのまど」
https://kotobanomado.jp/

アレン玉井光江

（青山学院大学文学部
英米文学科教授）

Notre Dame de Namur 大学英語学部卒業。サンフランシスコ州立大学大学院修士課程、テンプル大学大学院博士課程を修了。文京学院大学外国語学部教授、千葉大学教育学部教授を経て、2010年より現職。専門は児童英語教育、第二言語習得。特に、幼児や児童がどのように英語のリテラシーを獲得するのかを長年研究している。日本児童英語教育学会理事、小学校英語教育学会研究推進委員なども務める。